Wie du all deine Beziehungsprobleme lösen kannst

Tipps aus der Erfahrungsschatzkiste der Beziehungsarchitektin Änni
Hau alias Anna-Karina Hauer.
Wir alle haben Beziehungen. Zu Ehemännern und -frauen, Partnern,
Partnerinnen, Kindern, Enkeln, Freunden, Freundinnen, Geschwistern,
Eltern und vielen anderen Menschen. Manchmal hakt es in diesen
Beziehungen und wir wissen nicht so richtig, wo und wie wir den
Haken wieder lösen können. Dieses Buch kann dir helfen den ein oder
anderen Haken zu finden und zu lösen bevor er festrostet und
unlösbar wird.

AF221260

Wie du all deine Beziehungsprobleme lösen kannst
Anna-Karina Hauer

Inhalt:

Impressum

Bibliografische Information der Deutschen Nationalbibliothek:
Die Deutsche Nationalbibliothek verzeichnet diese Publikation in der
Deutschen Nationalbibliografie; detaillierte bibliografische Daten sind
im Internet über http://dnb.dnb.de abrufbar.
© 2022 Anna-Karina Hauer
Lektorat: Thomas Schier, Stephan Haberkorn
Korrektorat: Thomas Schier, Stephan Haberkorn
weitere Mitwirkende: Thomas Schier, Stephan Haberkorn
Herstellung und Verlag: BoD – Books on Demand, Norderstedt
ISBN: 978-3-7557-9949-8

Vorwort

Hallo, Servus, Grüaß di, Gude, Moin, Guten Tag, Morsche. Fühl dich einfach so gegrüßt wie man dich in deinem zu Hause begrüßt. Du darfst dich, wenn du möchtest, in diesem Buch für eine kurze Zeit ein wenig zu Hause fühlen.

Ich freue mich sehr, dass du dieses Buch gekauft hast. Wie der Titel schon verspricht, ist es DIE Lösung für ALLE deine Beziehungsprobleme.

Mal im Ernst: wenn du wirklich glaubst, dass es D A S eine Buch gibt oder D I E eine Formel, die alle deine Probleme löst, dann nenne ich dich ab sofort Peter, Peter Pan. Denn dann bin ich Glöckchen Tinkerbell und fliege mit dir durch Nimmerland.

So, nun aber Schluss mit den Albernheiten. Das ist ja hier keine Comedy-Veranstaltung.

Ich möchte allerdings, dass du auch ein bisschen Spaß bei der Sache hast. Klar sind manche Themen echt traurig, schwer und es ist nicht leicht damit umzugehen. Eine Prise Humor hilft hier aber manchmal, nein, sogar sehr oft, einfach sehr gut weiter.
Humor und Fantasie.

Was meinst du? Hast du Humor? Hast du die Fantasie dich einfach mal in einer Situation gedanklich an einen ganz anderen Ort zu bringen?
Wenn ja, hast du mit diesem Buch eine gute Wahl getroffen.
Fantasie kann bei der „Bearbeitung" von „Beziehungsproblemen" hilfreich sein, aber nur, wenn sie in die richtige Richtung gelenkt wird. Aber bevor ich hier weiter gehe und deine Zeit vergeude. Wenn du wirklich dachtest, dass dieses Buch alle deine Beziehungsprobleme löst und du nun enttäuscht bist, schreib mir gerne eine E-Mail an die Adresse im Impressum und ich erstatte dir umgehend den Kaufpreis dieses Buches zurück.

Falls du aber über die Enttäuschung hinweg gehen möchtest und Lust hast weiterzulesen, nehme ich dich gerne mit auf eine Reise, auf eine kleine Reise durch die Welt der Beziehungsarchitektin.

Ab hier wünsche ich dir viel Spaß, Erfolg, viele gute Erkenntnisse und …. eine gute Reise.

Tata! Schon sind wir angekommen an der ersten Sehenswürdigkeit. Diese Sehenswürdigkeit ist deine Seele. Als allererstes möchte ich dir die Frage stellen: Bist du glücklich?

Wenn du glücklich wärst mit deiner Beziehung, hättest du das Buch hier wahrscheinlich nicht gekauft, oder? Von daher, entschuldige bitte meinen kleinen Scherz am Anfang. Du darfst allerdings auch trotz der Tragik, die das Leben manchmal so mit sich bringt, das Lachen nicht vergessen.
Lachen ist wichtig!
Weinen auch! Mehr dazu allerdings später.
Du wirst in diesem Buch eine Zusammenfassung und Quintessenz aus ein paar für mich relevanten Quellen und einer ganzen Menge Lebenserfahrung finden. Diese Mischung aus Wissen und Anwendung dieses Wissens führen zu einem Leitfaden, der auch dich in deinem Leben weiterbringen kann, wenn du dich drauf einlässt und Bock hast auf Veränderung.
In meinem bisherigen Leben hat mir am meisten geholfen, dass ich oft meinen eigenen Standpunkt hinterfragt habe. Ist das was ich gerade denke tatsächlich das Richtige in dem Moment? Bringt es mich weiter? Eine Zeitlang konnte ich mir ganz gut selbst im Weg stehen. Hin und wieder schaffe ich das auch heute noch ;-). Aber es wird besser. Jeden Tag!

Ich stehe auf dem Standpunkt, dass die Beziehungen zu den Menschen um dich herum automatisch gut werden, wenn du eine gute Beziehung zu dir selbst hast. Allerdings wird uns die gute Beziehung zu uns selbst als Menschen nicht in die Wiege gelegt. Im Gegenteil: Jeder von uns bekommt schon von Geburt an ein paar Päckchen mit auf den Weg. Diese Päckchen sind bei jedem von uns mit anderen Dingen gefüllt.

Der eine hatte die überfürsorgliche Mutter, dafür hatte die andere einen überwiegend narzisstisch geprägten Vater, der selten Zeit für seine Kinder hatte. Der Nächste hatte eine Mutter, die seine eigenen Autoritätsbestrebungen mehr unterstützte als ihm lieb war. Eine Andere hatte eine Zeitlang einen Stiefvater, der Gewalt als Erziehungsmaßnahme betrachtete. Darüber hinaus gibt es viele weitere Kombinationsmöglichkeiten. Wir sind alle eine bunte Mischung aus Genetik und Umwelt und jeder von uns ist wahnsinnig komplex. Daher kann die Aussage "DAS ist das Allheilmittel für ALLES!" nie richtig sein.

Die Methoden, die dir helfen, können ganz anders sein als die Methoden, die mir helfen. Nur weil mir etwas geholfen hat, muss es nicht heißen, dass es dir auch zwingend helfen MUSS. Es kann sein, muss es aber nicht.
Aus diesem Grund erzähle ich hier ein bissl was aus meinem Leben, von meiner Arbeit und den Methoden, mit denen ich arbeite.

Ich habe nie Psychologie studiert und auch keine andere Ausbildung in dem Bereich. Allerdings habe ich mich trotzdem sehr viel damit beschäftigt und tue es immer noch. Wahrscheinlich mehr als es jemand, der einmal ein Studium absolviert hat und sich danach nie wieder mit manchen Themen auseinandergesetzt hat.
Ich bin psychologisch und psychosomatisch gebildet, dennoch ist mein Ansatz kein rein psychologischer. Wenn du dich für Zertifikate interessierst, kann ich dir sagen, dass ich ein Zertifikat für Neurolinguistische Programmierung – kurz NLP – habe. Allerdings gibt es so vieles, was du weder aus Büchern noch in Kursen lernen kannst, sondern einfach durch Erfahrung. Deshalb bin ich gerne deine Expertin aus Erfahrung.

Es gibt in jeder Disziplin interessante Aspekte, die man im Hinterkopf haben sollte. Es gibt auch hier – wie in so ziemlich allen Fachrichtungen – unterschiedliche Sichtweisen und Meinungen. Ich arbeite gerne interdisziplinär und lösungsorientiert.
Meiner Meinung nach muss man auch niemanden „heilen". Wir sind ja nicht kaputt.

Seit mindestens 100 Jahren versucht man uns gleich zu machen. Mit mehr oder weniger großem Erfolg. Denn jeder Mensch ist individuell und jeder macht seine eigenen Erfahrungen. Diese Erfahrungen haben auf jeden von uns andere Auswirkungen. Die Pharmaindustrie und andere „Industrien" möchten dir gerne erzählen, dass du kaputt bist, um irgendwie Medikamente oder ähnliches verkaufen zu können.
Jeder von uns hat Verletzungen erlitten in seinem Leben. Diese Verletzungen gehören zum Leben dazu. Es gibt niemanden, der komplett ohne Verletzungen durchs Leben kommt. Aber deswegen ist niemand wirklich dauerhaft komplett kaputt. Wenn doch, gibt es dafür eine eigene Fachrichtung, die Psychiatrie, die sich um die ganz Kaputten kümmern kann. Die meisten von uns fallen aber nicht in die Kategorie tatsächlich psychiatrisch behandlungsbedürftig zu sein.

Verletzungen an sich können sogar etwas Gutes haben. Sagt dir das Wort Resilienz etwas? Resilienz ist die Fähigkeit, wie man mit

Verletzungen umgeht, wie man sich schnell davon erholt. Oder anders ausgedrückt, die Fähigkeit sein Verhalten an die sich veränderten Lebenssituationen anzupassen.

Alle Menschen, mit denen ich bisher im Kontakt stand um über massive Verletzungen in ihrem Leben zu sprechen sagten, dass sie im Nachhinein dankbar für das Ereignis waren. Sie haben im Nachhinein aus der Erfahrung gelernt. Die Verletzung war schlimm und es hat eine Zeit gebraucht drüber hinweg zu kommen, aber sie haben keinerlei nachhaltige Beeinträchtigung oder sind daran gestorben.

Daraus haben sie das Selbstbewusstsein gewonnen, dass jetzt nichts mehr im Leben so schlimm sein kann, dass sie es nicht überleben könnten.
Wir leben hier in einer sehr luxuriösen Welt. In einer so luxuriösen Welt, dass wir es uns leisten können unsere Kinder zu verhätscheln und zu versuchen ihnen Dinge des Lebens abzunehmen.
Ich stehe diesem „Dinge des Lebens abnehmen" grundsätzlich kritisch gegenüber. Alles, was man dir abnimmt, lernst du nicht und alles, was du nicht lernst, kannst du nicht. Merkst du was?

Darüber hinaus führt es dazu, dass sich bei Kindern teilweise gar keine Resilienzfähigkeit mehr entwickelt, dafür aber maligne narzisstische Züge größer werden.

Im Dezember 2021 habe ich ein neues Hobby für mich entdeckt. Naja, Hobby ist das falsche Wort. Eine Art Therapie für mich. Krav Maga. Krav Maga ist hebräisch für Kontaktkampf. Aber bevor ich hier zu tief einsteige, möchte ich einfach nur erzählen, dass der Trainer meines letzten Kurses zu Beginn sagte, dass wir in einer Welt leben, in der es fast keine Leidensfähigkeit mehr gibt. Wir sind das Leiden einfach nicht mehr gewohnt. Bei Krav Maga geht es, unter anderem, darum die Leidensfähigkeit zu trainieren. Denn: wer viel einstecken kann, tut sich beim Austeilen leichter, ganz hart ausgedrückt.

In diesem Zusammenhang ist mir vor kurzem der Begriff „Robuste Verletzbarkeit" über den Weg gelaufen. Der drückt am besten aus, was ich damit meine. Lerne dich selbst so gut kennen, dass du weißt, an welchen Stellen du verletzlich bist. Schütze diese Stellen, aber mach dich nicht komplett „unnahbar", sondern bleibe robust und verletzlich.

Ich habe z.B. an meinem Körper eine Stelle, die durch ein traumatisches Erlebnis vor 27 Jahren verletzt wurde. Diese Stelle wird

immer verletzlich bleiben, aber ich lerne – unter anderem durch Krav Maga – wie ich diese Stelle anders schützen kann.
Jeder von uns macht Lebenskrisen durch. Das ist vollkommen normal. Wenn es dich interessiert, kannst du in den nächsten Abschnitten ein wenig über meine Krisen erfahren. Wenn nicht, blättere einfach weiter.

Eine meiner größten Krisen hatte ich im Alter von 25 Jahren. In dieser Zeit bin ich dann auch intensiver in Berührung gekommen mit Psychologie, Psychiatrie, Neurologie und anderen Geistes-Wissenschaften.
Im Rahmen dessen habe ich erlebt, wie sehr man mit diesen Verletzungen beschäftigt sein kann und damit Schuldige für diese Verletzungen zu finden. Während einer Therapie wurden meine Eltern dann als „Schuldige" identifiziert. Dann wurde fleißig darauf herumgehackt, was sie falsch gemacht haben und was das für Auswirkungen auf mich hatte. Aber hilft das wirklich weiter?

Mir hat es geholfen manches besser zu verstehen. Ich habe ein „Verständnis" für viele Themen entwickelt. Allerdings heißt für mich, dass ich etwas verstehe, also Verständnis dafür habe, nicht, dass ich es gutheiße.
An dieser Stelle ein kurzer Einwurf zum Thema Verständnis. Wenn ich sage, dass ich Verständnis habe, heißt das nicht, dass ich das Verhalten des anderen damit für gut befinde, toleriere oder gar akzeptiere. Ich VERSTEHE es lediglich. Punkt!

Man kann etwas verstehen, sich aber trotzdem dagegen wehren oder es nicht akzeptieren. Wenn ich jemanden provoziere und er mir danach eine Ohrfeige gibt, kann ich verstehen, warum derjenige das getan hat. Nichtsdestotrotz möchte ich nicht geohrfeigt werden und wehre mich dagegen.

Jedes Elternteil macht Fehler, jeder Mensch macht Fehler. Wir alle handeln immer nach unserer besten Option.
Für mich fühlte es sich damals in der Therapie so an als würde man bei einer Schnittwunde am Arm alle paar Tage mal ziehen, um zu schauen, ob sie nicht endlich verheilt ist. Manche Wunden sollte man auch einfach mal in Ruhe lassen und dem Körper die Chance auf Selbstheilung zu geben.
Denn so ist unser Körper nun mal konzipiert. Er versucht sich immer wieder selbst zu heilen. Diese Fähigkeit nimmt im Laufe des Lebens ab, aber sie ist bis zum Lebensende vorhanden.

Auch unsere Seele ist daran interessiert sich immer wieder selbst zu heilen. So wie unser Körper manche Fremdkörper, die eingedrungen sind, einfach verkapselt und in sich einschließt, tut das die Seele ebenfalls. Das nennt der Psychologe dann Trauma. Wenn du an einem ganz massiven Trauma arbeiten möchtest, kannst du dich an speziell dazu ausgebildete Trauma-Therapeuten wenden.

Unsere Gesellschaft wird immer mehr darauf konditioniert, dass man immer und ewig glücklich zu sein hat. Wenn man unglücklich ist, ist was nicht in Ordnung. Ich erlebe da teilweise groteske Auswüchse dahingehend wie Menschen mit sich selbst umgehen, wenn sie traurig sind…oder wütend… oder verängstigt. Klar ist es nicht angenehm, wenn man traurig oder niedergeschlagen ist. Allerdings ist das vollkommen normal. Wie komisch wäre es, wenn man z.b. auf einer Beerdigung plötzlich das Lachen anfangen würde? Allerdings sind in unserer Gesellschaft manche Gefühle in manchen Situationen akzeptiert, in anderen wieder nicht.
Wir sollten unsere Gefühle regulieren können. Diese Ansicht vertrete ich auch. Dazu gibt es einen schönen Begriff: Emotions-Management. Das funktioniert jedoch nur in gewissem Maße. Denn ich habe selbst erlebt, was passiert, wenn man versucht sich selbst zu „überregulieren". Gefühle dürfen ihren Platz haben. Wir sind schließlich Menschen und keine Maschinen.

Wenn du mehr zum Thema Emotionsmanagement lesen möchtest, lies gerne direkt in Kapitel 8 weiter.

Uns wird oft vorgegaukelt, dass man nur einfach ein paar Tabletten nehmen müsse und sich dann jede Krankheit von alleine heilt. Gerade in der Psychiatrie wird sehr viel medikamentös gelöst. In Härtefällen oder für eine bestimmte Zeit kann das sinnvoll sein. Aber die wirklichen „Härtefälle" sind erfreulicherweise auch wieder ein geringer Prozentsatz der Bevölkerung.

Wenn man Depressionen hat, bekommt man heutzutage sogar schon vom Hausarzt Antidepressiva verschrieben. Diese kann man dann auch jahrelang nehmen. Antidepressiva verändern die Chemie im Hirn. Ich habe diese Erfahrung selbst gemacht. Du fühlst dich damit besser. Sie können dir helfen für eine gewisse Zeit lang deine „Funktionsfähigkeit" aufrecht zu erhalten. Nachdem ich die Antidepressiva abgesetzt hatte, hatte ich das Gefühl, dass ich währenddessen „wie in Watte gepackt" war. Ich war weder besonders traurig noch besonders fröhlich.

Das Gespräch mit dem Arzt war rückblickend auch relativ unqualifiziert, ohne ihm zu nahe treten zu wollen. Er fragte mich, ob es sein könnte, dass ich depressiv sei. Woran er das festgemacht hat, kann ich rückblickend nicht mehr sagen. Ich zuckte mit den Schultern, weil ich es nicht wusste. Woher auch. Dann schrieb er mir die Tabletten auf. Das war's.

Nach Absetzen der Medikamente spürte ich eine sehr deutliche Veränderung in meiner Gefühlswelt. Eine ähnliche Veränderung spürte ich auch als ich aufhörte hormonell zu verhüten, aber das ist eine andere Geschichte.
Endlich konnte ich wieder weinen und endlich wieder lachen. Alle meine Gefühle, die „von außen reguliert" waren kamen plötzlich wieder zurück. Das war eine ziemlich krasse, aber auch faszinierend gute Erfahrung.

Lachen ist wichtig. Weinen auch! Alles gehört zu uns.
Eine befreundete Diplom-Psychologin hat mir mal gesagt, dass sie nicht an Depressionen glaubt. Ich habe gefragt, was sie damit meint. Gerade sie, die ein volles Psychologie-Studium – mit allem drum und dran – absolviert hat. Sie sagte, dass ja jeder Mensch in seinem Leben mal eine Phase hat, in der er niedergeschlagen ist. Nur, umso mehr wir versuchen dagegen anzukämpfen, umso mehr Energie verlieren wir damit. Wir werden noch trauriger und niedergeschlagener.
Versteh mich bitte richtig. Ich möchte damit keine klassische Depression „schlecht reden". Eine Depression kann massive Auswirkungen auf einen Menschen haben, bis hin zu suizidalen Folgen. Ich sehe eine „Depression" immer als Folge von etwas, eine Depression entsteht nie ohne Grund.

Leider wird in der klassischen Medizin oder Psychiatrie zu wenig nach den Gründen geforscht. Tabletten verschreiben ist halt billiger und lukrativer als sich wirklich mit den Menschen auseinanderzusetzen.
Wir fangen ja schon bei den kleinen Kindern an: wenn ein Kind weint, möchten wir, dass es aufhört. Hast du mal darüber nachgedacht, dass das Kind in dem Moment vielleicht allen Grund hat zum Weinen? Für ein Kind ist es zum Beispiel in dem Moment das Traurigste der Welt, wenn das Lieblingsspielzeug nicht mit zur Oma darf.
Allerdings kann 10 Minuten später ja auch schon wieder alles okay sein. Kinder können Weinen und Lachen gleichzeitig. Wir Erwachsenen können das auch. Wir erlauben es uns nur nicht mehr. Wir erlauben uns viele unserer Gefühle nicht mehr.

Wir bewerten die Welt aus unserer Erwachsenen Sicht. Dabei sollten wir öfter mal hergehen und uns in die Kinder zurückversetzen, die wir mal waren.

Wir waren wütend, wir waren traurig, wir haben rumgeschrien. Im besten Fall kam jemand, der sich um uns gekümmert hat. Auch die Liebe wurde von uns in starre Normen gepresst. Dazu mehr im Kapitel: Die Liebe – der Mythos das Dilemma.

Ich blicke mittlerweile auf insgesamt 40 Jahre Beziehungserfahrung zurück. „Hä? Wie? Was? Wie alt ist die denn?" denkst du jetzt vielleicht. Zum Zeitpunkt der Veröffentlichung dieses Buches bin ich gerade 40 Jahre alt.

Die ersten Beziehungen, die wir in unserem Leben haben, sind die Beziehungen zu den Eltern. Auch ich habe Eltern. Sonst wäre ich schließlich nicht hier und könnte dieses Buch schreiben.

Mit 15 hab ich dann angefangen mal über den Tellerrand der Beziehungen zu anderen Menschen, außer meinen Eltern, zu schauen. Ich lasse jetzt mal die Beziehungen zu Großeltern, Geschwistern, anderen Verwandten und Freunden ein wenig außen vor. Seit meinem 15. Lebensjahr hab ich also fast 25 Jahre Erfahrung in Beziehungen mit Menschen. Vier Langzeitbeziehungen mit Männern sind dabei, wenn du es genau wissen willst. Heutzutage bezeichnet man als Langzeitbeziehung alles, was länger als drei Jahre anhält. Die aktuelle ist schon über zwei Jahre alt, hat aber natürlich auch wieder den Anspruch eine Langzeitbeziehung zu werden. Ich denke, dass ich ein Langzeitbeziehungstyp bin. Das ist aber nicht jeder.

Von Beziehung zu Beziehung schleppst du immer einen Menschen mit. Dich selbst. Egal, wie deine Beziehung läuft. Du bist immer ein Teil davon.

Auch in diese Beziehung habe ich mich wieder mitgenommen. Das ist, als ob du in Urlaub fährst. Du bist zwar weg von zu Hause, aber deine Gedanken sind doch immer bei dir. Es gibt schon den ein oder anderen, der während des Urlaubs an zu Hause, die Kinder, die Arbeit oder andere Dinge denkt.

Da fällt mir gerade eine Textzeile von den Fantastischen Vier ein, aus dem Lied „Sie ist weg!": „Jetzt ist sie weg, weg! Ich sag's euch sie ist weg und hat mich mitgenommen.

Ich hoffe inständig, dass er sich irgendwann wieder gefunden hat. In manchen Beziehungskontexten wird davon gesprochen, dass man sein

Ich verliert. Das kann durchaus schon mal passieren. Aber man darf es sich wiederholen.

Die Musik der Fantas ist tiefgründig und ich mag sie total. Gerade auch dieses Lied. Die Autoren beschreiben, wie der Protagonist die Beziehung vergeigt hat.

„Ich erinner' mich wir waren beide verdammt cool
Doch innerlich raffte ich Spinner ich null
Denn wann ich immer dachte ich tu alles für sie
War was immer ich machte für mich irgendwie
Mit dieser Philosophie fuhr ich einwandfrei
Sorgenfrei an ihr vorbei
Schätze bin ein bisschen hochgeflogen ungelogen
Und hab sie dabei mit mir selbst betrogen"
Es freut mich sehr, dass er die Erkenntnis hatte, dass er es vergeigt hat. Ich hoffe inständig, dass er es in der nächsten Beziehung besser gemacht hat. Hier war das ICH stärker als das WIR. Und in Beziehungen ist es wie auch sonst im Leben: alles will sich immer ausgleichen. Wenn in einer Beziehung das EGO, das ICH zu dominant ist, kann es schwierig werden für alle Beteiligten. Der Verhältnis von ICH:ICH und WIR:WIR sollte sich irgendwie immer ausgleichen und einpendeln.

Aber obwohl ich mich immer aus der einen in die nächste Beziehung mitnahm, habe ich die Beziehung zu mir selbst jedes Mal weiter verbessert. Das ging allerdings nicht von alleine. Ich hab Therapien gemacht, hab mich coachen lassen und mich weitergebildet und ganz viele Dinge ausprobiert.

Aktuell denke ich, hab ich die beste Beziehung zu mir selbst, seitdem ich auf diesem Planeten herum hüpfe. Ich denke das nicht nur, ich fühle es auch.

Dieses Büchlein soll einen kleinen Beitrag dazu leisten, dass du auch an diesen Punkt kommst und sagen kannst: "Aktuell habe ich die beste Beziehung zu mir selbst, seitdem ich auf diesem Planeten herumlaufe." Ich hoffe, es gelingt mir.

Denn wenn du die Beziehung zu dir selbst verbessert hast, werden die Beziehung zu anderen Menschen eine ganz andere Gewichtung bekommen. Wenn du gelassener mit dir selbst umgehst, kannst du auch gelassen mit anderen Menschen umgehen.

Solltest über das, was du aus diesem Buch gelernt hast noch Beratungsbedarf haben, ruf mich an, schick mir eine E-Mail, buch einen Termin. Wenn du bei Facebook nach „Die Beziehungsarchitektin" suchst, kommst du auf meine Seite und kannst dort über die Kalender-Funktion einen Termin buchen. Wenn du nicht bei Facebook bist, kannst du auch einfach auf meine Homepage www.diebeziehungsarchitektin.de gehen und dort die Kalenderfunktion nutzen bzw. mir eine Nachricht schreiben.

Meine Kontaktdaten findest du am Ende dieses Buches. So, jetzt aber rein in die Details:

(Ich verwende übrigens mal die männliche, mal die weibliche Schreibweise – lass dich dadurch nicht irritieren und interpretiere nicht zu viel hinein. Es hat nichts mit Gendern zu tun aber auch nicht damit, dass manches bei manchen Geschlechtern häufiger oder weniger häufig auftritt oder typisch ist. Sollte das so sein, schreibe ich es explizit. Ich erlaube mir ja auch einfach dich zu duzen ohne dass wir uns persönlich kennen)

1. DIE WICHTIGSTE BEZIEHUNG DEINES LEBENS: MÖCHTEST DU GERNE MIT DIR SELBST ZUSAMMEN SEIN?
– Die Schuldfrage und wie du mit Verletzungen umgehen kannst

Hast du dir eigentlich schon mal die Frage gestellt, ob du gerne mit dir selbst zusammen sein möchtest? Ich erlebe, dass der überwiegende Teil von uns Menschen dazu tendiert erstmal zu schauen, was bei der Partnerin oder dem Partner an Kritikpunkten zu finden ist, bevor man anfängt sich mal an die eigene Nase zu fassen.

Eine romantische Beziehung verläuft in der Regel in vier bis fünf Phasen (je nachdem, welche Quelle du konsultierst):
Verliebtheit
Ernüchterung
Krise
Neu-Anfang

Gerade in der zweiten Phase (je nachdem wie die Beziehung aufgebaut ist, so nach drei Monaten oder drei Jahren) fangen Menschen an, das Verhalten des Partners/der Partnerin kritisch zu hinterfragen. Denn dann merkt man, dass der andere den Klodeckel offenlässt oder die Zahnpastatube. In der ersten Verliebtheit kann es auch durchaus sein, dass man außer dem Gegenüber niemand anderen mehr wahrnimmt und auch nur noch Zeit mit demjenigen verbringen möchte.
In der Verliebtheitsphase checken wir das alles nicht. Wir konzentrieren uns auf die Gemeinsamkeiten und sehen großzügig über alles andere hinweg. Er oder sie ist ja DER oder DIE EINE. Wie es allerdings dann so ist nach einem gepflegten Rausch, egal ob Alkohol oder andere Drogen im Spiel sind... der Kater folgt auf dem Fuße.

Wir stehen in der Verliebtheitsphase unter dem Einfluss von einer Menge körpereigener Drogen, Hormone genannt: Dopamin, Vasopressin, Oxytocin, Phenylethylamin ....um nur ein paar zu nennen. Das hat alles seinen Sinn. Man will ja - unter anderem - eine Bindung aufbauen.

Diese Bindung zu dir hast du übrigens schon seit deiner Geburt. Eventuell bist du auch ein bisschen selbstverliebt. Solltest du mehr als ein bisschen in dich verliebt sein und damit anderen Menschen schaden, nennt man das destruktiven Narzissmus. Mehr zum Thema Narzissmus findest du in Kapitel 11.

Ich stelle mir die Frage, ob ich gerne mit mir selbst zusammen sein möchte relativ regelmäßig. Ab und zu befrage ich auch schon mal mein Umfeld, meine Freund:innen, meine:n Partner:innen, Geschäftspartner:innen, Klient:innen....im Rahmen der Möglichkeiten, ob sie gerne mit mir zusammen sind.

Vor kurzem hab ich eine ganz großartige Reportage gesehen, in der der Unterschied zwischen hochsensiblen Menschen und Menschen mit Asperger Autismus erklärt wurde. In dieser Reportage erklärten Personen mit der Diagnose Asperger-Autismus, dass sie mit sich und mit der Art, wie sie die Welt sehen absolut okay sind. Allerdings trafen sie in ihrem Leben immer wieder auf Menschen, die mit dieser Art zu sein oder wie sie ihre Welt sehen, nicht zurechtkamen. Deshalb trainieren sich Asperger-Autisten oft Verhaltensweisen an, die nicht ihrem inneren Selbst entsprechen, aber dazu beitragen, dass die Umwelt sie besser akzeptiert. Eine Aussage von einer der Frauen, über die berichtet wurde, war: "Ich kann in meinem Leben nie ich selbst sein." Asperger-Autisten erkennen sich untereinander, genauso wie Hochsensible. Man versteht sich. Ohne Worte. Ich gehöre übrigens zur zweiten Gruppe. Aber dazu mehr in Kapitel 12.

Jeder sieht die Welt mit eigenen Augen und auf seine eigene Art. Die Kunst besteht darin, diese Welten für andere sichtbar zu machen. Ich weiß nicht, ob du Harry Potter kennst. In Harry Potter gibt es den Zauberer Albus Dumbledore. Er hat ein Denkarium. In dieses Denkarium gibt er seine Gedanken und sie werden sichtbar. Ich wünschte manchmal, ich hätte so ein Denkarium um meine Gedanken sichtbar für andere zu machen. Ich habe „nur" meine Sprache, um meine Gedanken „sichtbar" oder „hörbar" zu machen. Was ich allerdings gerade sehr laut und deutlich zu dir sagen möchte, ist: „Wenn du mit dir okay bist, lass nicht zu, dass dir irgendjemand einredet, dass du so nicht okay bist, nur weil ihm oder ihr dein Verhalten nicht passt!"

Das Verhalten und die Persönlichkeit eines Menschen sind zwei Paar Schuhe. Oft hört man:" Boah, das ist aber ein Arschloch!" Tja, kann sein. Kann aber auch sein, dass er oder sie sich in dem Moment einfach nur wie ein Arschloch verhält. Vielleicht ist die Person in anderen Situationen total nett. Das gilt es herauszufinden. Mir gefällt in dem Zusammenhang ein „Er (oder sie) *verhält* sich gerade wie ein Arschloch."

Wir erleben im Zusammenleben mit Anderen immer nur deren Verhalten. Wie die Persönlichkeit eines Menschen ist, können wir nur Situation für Situation und Verhalten für Verhalten herausfinden.
Ich unterhalte mich mit Leuten logischerweise oft über ihre Beziehungen. In den seltensten Fällen sagt mein Gesprächspartner zu mir: "Ach, ja stimmt, da hab ich irgendwas falsch gemacht" oder" wenn ich mich so in meinen Partner reinversetze denke ich, dass das vielleicht ganz schön blöd war, was ich da gemacht habe". Das Gegenteil kommt häufiger: "Mein Partner macht dies, mein Partner macht das. Mein Partner ist daran schuld. Mein Partner hier, mein Partner da, mein Partner bla" Klar gibt es auch Dinge und Verhaltensweisen, die ich an meinem Partner nicht so toll finde. Allerdings kann ich sie nicht ändern. Das Einzige was ich ändern kann bin ich und wie ich damit umgehe.

Ich kann ihm sagen, dass ich jenes oder dies nicht so toll finde. ABER ich darf nicht erwarten, dass er sein Verhalten deswegen ändert. Wenn er es trotzdem tut, schön. Wenn nicht, liegt der Ball wieder bei mir.
Wir leben in einer Welt, in der man gerne Schuld verteilt. Bei Gerichtsprozessen, in denen es um schwere Verbrechen geht, seh` ich das Ganze auch alles irgendwie noch ein Stückchen weit ein - aber in Beziehungen fehlt mir irgendwie der Sinn dafür.
Wir haben verlernt zu sagen: "Es ist wie es ist. Das ist jetzt einfach passiert."
Bei unvorhersehbaren Ereignissen, die nicht durch Menschen verursacht werden können, fällt uns das leicht, aber bei Ereignissen, an denen Menschen beteiligt sind, neigen wir immer öfter dazu nach Absicht oder Schuld zu suchen.
Wir wissen ja alle nicht wie viele Dinge in unserem Leben einfach so passieren, ohne dass wir irgendwas dafür tun müssen/können/dürfen. Solange wir mit dem Ergebnis zufrieden sind, kommt keiner auf die Idee das zu hinterfragen. Das war Glück oder Schicksal oder was weiß denn ich?
Erst wenn wir nicht mehr mit dem zufrieden sind was wir haben, fangen wir an zu fragen wem wir die Schuld geben können.
Denn wenn wir jemanden „beschuldigen", können wir uns ganz entspannt zurücklehnen und dabei „genüsslich" zuschauen, wie der andere mit der Schuld umgeht.

Ich sage in solchen Gesprächen gerne:" Schuld ist ein Ort in Nordrhein-Westfalen (der leider zu weniger schöner Berühmtheit gekommen ist durch die Unwetter-Katastrophe im Jahr 2021 – Anmerkung der Autorin)." Es ist nicht wirklich sinnvoll Schuld zu verteilen, wenn man in einer Sache einen Fortschritt erzielen will.

Wir lassen in diesem Zusammenhang außer Acht, dass es AUCH der Andere ist, der nun die komplette Verantwortung hat und die Situation lösen muss. Wir haben also keinen weiteren Einfluss mehr darauf. Was machst du aber nun, wenn der andere nichts macht?

Ich kenne eine solche Beziehung aus meinem direkten Umfeld. Der eine Beziehungspartner stellt total überzogene Erwartungen an den anderen Beziehungspartner, wie „mach mich glücklich". Dann lässt er den anderen Beziehungspartner mit dieser schwammigen Erwartung im Raum stehen. Sobald der andere etwas tut, was dem Ersten nicht in sein „mach mich glücklich" Konzept passt, ist logischerweise große Enttäuschung da. Auf beiden Seiten. Partner 1 ist nicht glücklich, weil Partner 2 die Erwartungen nicht erfüllt und Partner 2 ist nicht glücklich, weil Partner 1 nicht glücklich ist. Ein ziemlich perfides Spiel. Die Beziehung der beiden Personen, die ich hier beschreibe, hatte eine sehr lange Pause, die für beide nötig war. Sie nähern sich mittlerweile wieder langsam aneinander an. Allerdings wird diese Beziehung immer schwierig bleiben, solange Partner 1 diese unerfüllbaren Forderungen an Partner 2 stellt und nicht versteht, dass Partner 2 diese nicht erfüllen kann.

Ein Mensch kann einen anderen nicht glücklich machen. Er kann vielleicht dazu beitragen, aber glücklich (oder auch unglücklich) macht sich jeder selbst.
Leider rennen auf diesem Planeten immer noch Menschen rum, die glauben, dass das nicht so wäre. Das führt zu einem Haufen Beziehungsproblemen.
Das sind dann auch unter anderem die, die auf der Suche nach DEM EINEN oder DER RICHTIGEN sind.
Wenn man dann feststellt, dass der Partner oder die Partnerin dann doch nicht DER RICHTIGE oder DIE EINE ist (Spoiler: im wahren Leben gibt's die nicht), gibt es Enttäuschungen und Verletzungen.
Eine Beziehung ohne Verletzungen gibt es nicht. Jeder tritt dem anderen irgendwann mal sprichwörtlich auf die Füße. Meistens unabsichtlich.

Oft ist man einfach nur unterschiedlicher Meinung.
Entweder hat man die eine Meinung oder die andere. In letzter Zeit erlebe ich es immer häufiger, dass Menschen rumlaufen und meinen sie hätten DIE EINZIGE WAHRE MEINUNG. Das ist genauso ein Bullshit!

Jeden Tag ändern sich Dinge und auch die Sicht auf sie. Deswegen können sich Meinungen jeden Tag ändern.

In diesem Falle dann aber auch noch herzugehen und das Gegenüber massiv von der eigenen Meinung überzeugen zu wollen finde ich grundsätzlich schwierig. Denn der eine hat ja Gründe, warum er zu seiner Meinung kommt, die der andere nicht hat oder gar nicht kennt. Es gibt da ein Bild, auf dem sich zwei Menschen gegenüberstehen. Zwischen den beiden Menschen liegt eine Zahl. Der, der rechts steht, sieht die 6 und der der links steht, sieht die 9. Beide haben von ihrem Standpunkt aus betrachtet Recht.

Ich gönne mir mittlerweile immer öfter den Luxus keine Meinung zu etwas zu haben. Vor allem, wenn mir das nötige Wissen über eine Sache fehlt, um mir eine valide Meinung bilden zu können. Und...wenn es irrelevant ist, welche Meinung ich dazu habe. Man muss nicht immer zu allem eine Meinung haben.
Schauen wir uns jetzt eine Beziehung zwischen zwei Menschen an, in der die eine Person die andere immer wieder verletzt.
Was kann man dann tun?
Als erstes darfst du die Person darauf ansprechen. Vielleicht ist es demjenigen gar nicht bewusst, dass er dich mit seinem Verhalten verletzt.
Wenn ihm etwas an dir liegt und er dieses Verhalten dir gegenüber vielleicht einstellen kann, wird er das dann wahrscheinlich tun.
Was ist aber, wenn er das nicht tut?
Hier gibt es – je nach Verhalten – zwei Möglichkeiten:
Erstens, ich ignoriere das Verhalten: Wozu weiter Energie investieren, wenn der Andere nicht gewillt ist, das Verhalten einzustellen?
Zweitens drohe mit Konsequenzen und ziehe diese Konsequenzen dann auch durch.

Achtung! Bitte drohe nie mit Konsequenzen, die du nicht durchführen kannst. Das macht dich unglaubwürdig und geht zu Lasten des Respekts.

20

Diese beiden Tipps sind übrigens nur was für Beziehungen, die auf normalem humanem Level erfolgen. Wenn du Gewalt in deiner Beziehung erlebst, gilt das alles nicht.

Wenn dein Partner dir gegenüber gewalttätig ist, ruf hier an:
08000 116 016

Du kannst hier auch anrufen, wenn du Gewalt in deiner näheren Umgebung miterlebst. Manchmal sind die Opfer nicht stark genug um sich selbst zu helfen. Dann sind sie auf Hilfe von außen angewiesen.
BMFSFJ - Hilfe und Beratung bei Gewalt[1]

Mithilfe von Dolmetscherinnen ist die Beratung beim Hilfetelefon in 17 Fremdsprachen möglich.

Mich hat mal im Rahmen meiner Tätigkeit ein Mann kontaktiert, der von häuslicher Gewalt betroffen war. Ich habe ihn an die Polizei bzw. auf diese Homepage verwiesen.

Denn es gibt auch das Hilfetelefon für Gewalt an Männern:

Das bundesweite Hilfetelefon "Gewalt an Männern" ist unter der Nummer **0800 1239900** und online per Chat und E-Mail erreichbar. Zu den Sprechzeiten können gewaltbetroffene Männer beim Hilfetelefon von Montag bis Freitag kostenfrei und anonym Kontakt zu geschulten Beraterinnen und Beratern aufnehmen, die sie in Deutsch und gegebenenfalls auch in Englisch beraten.

Auch Angehörige, Freundeskreis und Fachkräfte können sich an das Hilfetelefon "Gewalt an Männern" wenden, um Männern zu helfen, die Opfer von Gewalt geworden sind.

Gewalt ist aber nicht immer körperlich. Gewalt kann auch psychisch stattfinden. Nicht umsonst gibt es auch psychische Foltermethoden. Im Zuge der Gespräche, die ich so tagtäglich führe (E-Mail, Whatsapp, Messenger oder sonstige Nachrichten sind für mich auch Gespräche), kam ich ins Gespräch mit einem Coach, der sich unter anderem auf Narzissmus und toxische Beziehungen spezialisiert hat. Ich habe ihm von

---

[1] Bundesministerium für Familie, Senioren, Frauen und Jugend (2022)

einer Beziehung erzählt, die ich mal hatte und er vermutete, dass dieser Mensch eventuell an einer narzisstischen Persönlichkeitsstörung leide.

Ab dem Punkt wurde ich hellhörig und habe das getan, was ich in solchen Fällen immer tue: lesen, recherchieren, weiterbilden. Das Thema Narzissmus hat aktuell einen großen Stellenwert bekommen. Du kannst ja mal googlen. Du findest zig Seiten zum Thema Narzissmus. Dabei ist Narzissmus nur eine der Ausprägungen einer Persönlichkeit.

Ein Narzisst hat in manchen Belangen einfach nur ein übersteigertes Bedürfnis nach Befriedigung eines der Beziehungsbedürfnisse. Zu den Beziehungs-Bedürfnissen nach Erskine komme ich im Kapitel 9.

Wir sind alle eine Mischung aus dem narzisstischen Persönlichkeitsstil, dem histrionischen Persönlichkeitsstil, dem dependenten Persönlichkeitsstil, dem selbstunsicheren Persönlichkeitsstil, dem passiv aggressiven Persönlichkeitsstil, dem schizoiden Persönlichkeitsstil, dem zwanghaften Persönlichkeitsstil, dem paranoiden Persönlichkeitstil und teilweise auch dem Borderline Persönlichkeitsstil. Uff!

Und was heißt das jetzt genau?

Wenn du genau herausfinden möchtest, welcher Persönlichkeitsstil in deiner Persönlichkeit hauptsächlich vertreten ist, kann ich dir das Buch „Persönlichkeitsstile" von Rainer Sachse[2] sehr ans Herz legen.

„Aufgrund der Tatsache, dass mit zunehmender Ausprägung des Stils die persönlichen Kosten (stark) ansteigen, spricht man auch von Persönlichkeits*störungen*. Der „Störungscharakter" kommt dabei dadurch zustande, dass der Stil viele negative Auswirkungen auf die Person hat. (Sie hat trotzdem immer noch „Gewinne", aber die Kosten fallen höher aus als die Gewinne.)

---

[2] Sachse, Rainer, Persönlichkeitsstile: Wie man sich selbst und anderen auf die Schliche kommt, 2019

Auch Persönlichkeitsstörungen sind völlig normal! Sie sind lediglich *extreme Ausprägungen völlig gängiger Stile.* Das ist keineswegs pathologisch oder „krank".

Kennt man seinen Stil, hat man die Möglichkeit, selbst etwas gegen die zu hohe Ausprägung zu tun oder mithilfe einer Psychotherapie die Kosten zu reduzieren.

Ebenfalls völlig normal ist es, mehrere Stile gleichzeitig aufzuweisen. Dabei ist meist ein Stil deutlicher ausgeprägt als andere, stellt also den „Leitstil" dar. Die Kombination verschiedener Stile kann vorteilhaft sein. So ergänzen sich meist ein narzisstischer und ein histrionischer Stil gut: In dem Fall ist man z.b. hoch leistungsorientiert, kann aber auch bei Vorträgen „eine gute Show abziehen".

...

„Heterogenität der Konzepte

Die Konzepte, die es zu den sogenannten Persönlichkeitsstörungen gibt, sind ebenso heterogen wie jene zum Konstrukt der Persönlichkeit. Es gibt sehr unterschiedliche Auffassungen darüber, was eine Störung ist, wie schweigend oder „pathologisch" sie ist u.a. Ich vertrete in diesem Buch einen neueren psychologischen Ansatz, der von einer psychologischen Normalität ausgeht. Es gibt jedoch auch Ansätze, die pathologisierend und damit stark abwertend sind: Auf solche Ansätze stößt man im Internet leicht. Mir ist wichtig zu betonen, dass ich aus guten empirischen Gründen einen solchen Ansatz *nicht* vertrete. Da nahezu alle Menschen einen Persönlichkeitsstil und die meisten Menschen eine Persönlichkeitsstörung aufweisen, sollte man besser nicht mit Steinen werfen, während man in einem (komfortablen) Glashaus sitzt! Abwertungen anderer sind hier also genauso unnötig wie Selbstabwertungen."[3]

---

[3] Sachse, Rainer, Persönlichkeitsstile: Wie man sich selbst und anderen auf die Schliche kommt, 2019, S. 19

PERSÖNLICHKEITSSTILE

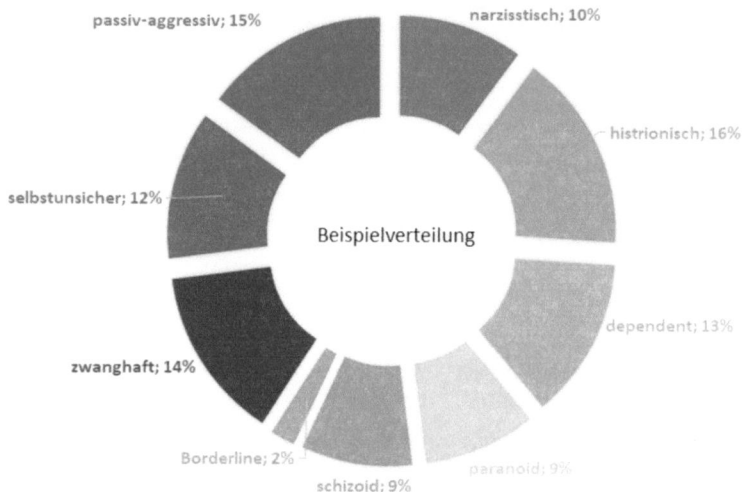

passiv-aggressiv; 15% narzisstisch; 10%

histrionisch; 16%

selbstunsicher; 12%

Beispielverteilung

dependent; 13%

zwanghaft; 14%

Borderline; 2%

schizoid; 9% paranoid; 9%

Nachfolgend habe ich versucht meine Interpretation der Persönlichkeitsstörungen grafisch darzustellen.

Der histrionische Persönlichkeitsstil

Der dependente Persönlichkeitsstil

Der paranoide Persönlichkeitsstil

Der schizoide Persönlichkeitsstil

Der zwanghafte Persönlichkeitsstil

Der Borderline Persönlichkeitsstil

Der passiv-aggressive Persönlichkeitsstil

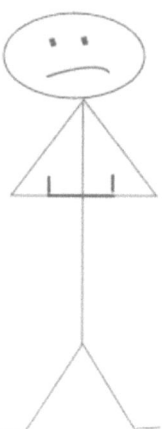

Der selbstunsichere Persönlichkeitsstil

Allerdings ist so eine Persönlichkeit kein statischer Zustand. Wir entwickeln uns laufend fort, der eine mehr und schneller und der andere langsamer und weniger.

Deshalb kommt es immer auf den Status Quo an, also auf das, was gerade ist.

Genauso wenig wie du weißt, wie sich dein Partner in Zukunft verändern wird, kannst du wissen, wie du dich in Zukunft verändern wirst.

Der narzisstische Persönlichkeitsstil

Natürlich ist es einfach zu sagen, der andere ist Schuld und er verhält sich nur deswegen so, weil er ein Narzisst ist. Na und? Dann ist er halt ein Narzisst und dann verhält er sich so, wie er sich verhält, aber inwiefern hilft dir diese Feststellung nun weiter? Richtig! Gar nicht! Du hast nur Einfluss auf dein Verhalten. Was dein Gegenüber tut, kannst du nicht kontrollieren, auch wenn du das gerne würdest.

Hier weiß ich leider nicht mehr genau, von wem das Zitat ist, das da lautet: Wir können alles kontrollieren - außer den freien Willen. Wenn irgendjemand etwas nicht will, wird er es nicht tun.

Einer meiner Lieblingssprüche, die mich persönlich schon durch mein ganzes Leben begleiten, ist „Wo ein Wille ist, ist ein Weg." Es ist ganz einfach zu erkennen, ob jemand den Willen dazu hat etwas zu tun: wenn er oder sie es wirklich will, wird er oder sie es tun.

Ich habe selbst lange Jahre eine Beziehung mit einem Menschen gehabt, der unter einer narzisstischen Persönlichkeitsstörung leidet und es hat lange gedauert, bis ich den Weg raus aus dieser Beziehung gefunden habe. Wobei leiden nicht das richtige Wort ist. Ich bin ambivalent dazu eingestellt, ob er wirklich unter seinem Verhalten leidet. In seiner Welt ist alles vollkommen fein und in Ordnung. Die anderen sind schuld. Egal, was passiert. Rückblickend finde ich es teilweise schon fast amüsant, auf welche Tricks und Geschichten ich seinerzeit so „hereingefallen" bin. Wobei das mittlerweile lustiger klingt als es war. Diejenige, die unter der Beziehung gelitten hat, war ich.

Übrigens ist das nur eine Vermutung meinerseits, dass die Persönlichkeit dieses Menschen narzisstisch gestört ist. Ich habe mit einem Therapeuten über diese Beziehung gesprochen und Situationen aus meiner Sicht erzählt. Dieser Mensch, von dem ich hier rede, ist nicht willig eine Therapie zu machen, geschweige denn überhaupt mal mit einem Therapeuten zu sprechen. In seiner Wahrnehmung sind es ja die anderen, die „gestört" sind und eine Therapie machen müssten. Für ihn ist ja alles in Ordnung so lange sein Umfeld sich so verhält wie es in sein Weltbild passt. Wenn nicht, sind es immer die anderen, die gestört oder nicht normal sind oder eine Therapie brauchen.

Menschen, deren narzisstische Persönlichkeitsanteile stärker ausgeprägt sind als andere sind Meister im Täuschen und Manipulieren. Sie schauen dir in die Augen und erzählen dir den größten Müll des Jahrhunderts. Das tun sie übrigens mit einer Überzeugungskraft, dass du ständig selbst an dir zweifelst.

Wenn du das Gefühl hast, ständig an dir zweifeln zu müssen, weil du überzeugt bist, dass deine Version der Geschichte die richtige ist, dein Gegenüber aber etwas anderes behauptet. Dann leidest du entweder unter einer Wahrnehmungsstörung oder unter Gaslighting oder dem Gaslicht-Effekt.

Der Gaslicht-Effekt wird von fremdgehenden Menschen sehr gerne eingesetzt. Wenn du das Gefühl hast, dein Partner geht dir fremd und du ihn darauf ansprichst, bekommst du schließlich häufig zur Antwort: „Neiiiiiin, das bildest du dir doch alles nur ein. Da ist nichts. Es ist anders als es aussieht."

In solchen Momenten kann es hilfreich sein „neutrale Quellen" hinzuzuziehen, z.B. Freunde, denen du vertraust und die von dem Partner, der dir versucht seine Sicht der Dinge zu „verkaufen" nicht beeinflusst sind.

Allerdings ist auch hier wieder Vorsicht geboten. Ich habe mir in meinem Leben ein paar „blutige Nasen" geholt beim Versuch mit Freunden über manche Themen zu sprechen. Manchmal sollte man sich einen Profi zum Reden suchen und damit meine ich nicht zwingend Psychologen oder Psychiater, sondern für bestimmte Fachgebiete ausgebildete Coaches. Mit mir kannst du über ziemlich viele Themen reden, aber alles kann ich auch nicht abdecken. Aber google einfach mal.... je nach Thema.

Irgendwann ist mir dann das Lied „Ich will nur wissen" von Laith Al Deen mal wieder über den Weg gelaufen. In diesem Lied gibt es die Textzeile:
„Ich will nur wissen,
Ob du allein sein kannst
Und in den leeren Momenten
Gern mit dir zusammen bist."
Ich merkte, dass ich gerne mit mir zusammen war. Allerdings nur mit mir. Nicht mit ihm. Weil ich mich in der Zeit immer mehr verbogen hatte und immer mehr Dinge seinetwegen getan hatte. Vergeblich (er)wartete ich, dass er auch einmal etwas meinetwegen tut. Klar war das jedes Mal meine Entscheidung etwas „seinetwegen" zu tun. Allerdings war ich der Ansicht, dass in einer guten Beziehung mal der eine dem anderen zu liebe etwas tut und mal der andere. Tja, ehe ich mich versah, war eine ganze Menge Zeit ins Land gegangen und ich stellte immer öfter fest, was ich alles für den Partner tat und was er nicht für mich tat. Weiter ins Detail gehen möchte ich an dieser Stelle allerdings nicht mehr.

Aber genau diese Tatsache, dass ich gerne mit mir zusammen war, hat mir wahrscheinlich dabei geholfen diese Beziehung so gut zu verkraften. Ich konnte gut alleine sein und hatte genug Selbstvertrauen, dass ich es auch alleine im Leben weiter schaffen würde. Es gab keine Abhängigkeit.

Hier kommt einer meiner Geheimtipps: wenn du eine gute Beziehung zu dir hast und gerne mit dir zusammen bist, fällt dir der Umgang mit anderen Menschen leichter. Nicht jeder hat eine gute Beziehung zu sich selbst. Ich hatte sie auch eine ganze Zeit lang nicht, habe aber gelernt sie zu verbessern. Wie du eine gute Beziehung zu dir selbst haben kannst, kann ich dir beibringen. Allerdings geht das nur im Einzelgespräch. Jeder Mensch ist anders und hat andere Aspekte, die ihn davon abhalten eine gute Beziehung zu sich zu haben.

Gerne darfst du dir jeden Tag die Frage stellen, ob du gerne mit dir zusammen bist. Und wenn die Antwort: "Nein." lautet, melde dich bei mir und wir schauen uns gemeinsam an, wie wir dein NEIN zu einem JA umändern können.

Zu diesem "möchte ich selbst mit mir zusammen sein", gehörte für mich auch, dass ich irgendwann angefangen habe, Verantwortung für mein eigenes Handeln zu übernehmen und die Konsequenzen aus meinem eigenen Handeln getragen habe.

Ich habe mich von diesem Partner unabhängig gemacht. Denn Abhängigkeit ist der Tod einer gleichberechtigten Beziehung. Natürlich kommt es immer auf die individuelle Situation an, wie leicht oder schwer dieses „vom Partner unabhängig machen" fällt. In den meisten Fällen lässt sich über alles reden und es gibt für alles eine Lösung.

Aber nicht nur „Narzissten" manipulieren. Wir Menschen manipulieren uns übrigens ständig. Jeden Tag. Meistens unbewusst. Ich habe in der Vergangenheit durchaus ein oder zwei oder vielleicht auch mehr Situationen gehabt, in denen ich gedacht habe: „Oh mein Gott. Jetzt hat mich eine andere Person dazu gebracht, dass ich dies oder jenes getan habe."

Okay. Das ist dann so. Man hat das in dem Moment getan, aber spätestens an dem Punkt, wenn die Selbsterkenntnis kommt, dieses: Oh mein Gott, derjenige hat mich dazu gebracht dass....." solltest du einen Moment zur Ruhe kommen, in dich gehen und dir überlegen, wie du zukünftig mit solchen Situationen umgehen willst. Wie dich jemand anderes nicht mehr dazu bringen kann, dass du etwas tust, was du im Grunde deines Herzens gar nicht willst.
Ich möchte hier ein Facebook-Postings von Paulo Coelho zitieren: "Wenn du ja zu jemand anderem sagst, stelle sicher, dass du nicht nein zu dir sagst."

Ein schönes Mittel, mit dem Frauen gerne manipuliert werden ist Egoismus. Was ich damit meine? Egoismus ist negativ belegt. Es gibt Frauen, für die es das schlimmste ist, wenn du sagst: Sei doch nicht so egoistisch! Männer sind überwiegend kompetitiv und Frauen überwiegend kooperativ veranlagt und werden auch entsprechend erzogen. Oder sind sie so, weil sie so erzogen werden? Diese Frage hat die Wissenschaft noch nicht eindeutig geklärt. Aus diesem Grund ist Egoismus bei Frauen häufig negativer belegt als bei Männern. Bei einem Mann wird das eher mal hingenommen. Das ist halt ein Mann. Der darf das. Der kann nicht anders.

Die Muster, die wir in unserer Kindheit beigebracht bekommen, abzulegen ist manchmal gar nicht so einfach. Manche Frauen kann man über die Egoismus-Schiene total gut manipulieren. Dabei ist Egoismus sehr wichtig, teilweise überlebenswichtig.

Du bist doch bestimmt schon mal geflogen, oder? Vor dem Start erklären nette uniformierte Menschen, was man im Notfall tun sollte. Vor allem sollte man die Maske, die bei einem Druckabfall von der Decke kommt ERST über den EIGENEN Mund ziehen, bevor man anderen hilft. Denn es bringt niemandem etwas, wenn du erstickst. Dann kannst du niemandem mehr helfen. Dieses Beispiel ist auf viele andere Situationen im Leben übertragbar.

Bist du mit dir und deinem Leben im Reinen und glücklich, strahlst du diese Glückseligkeit auch aus. Sie wirkt sich auf dich und dein Umfeld aus.

Dein Partner:in hat auch lieber eine:n glückliche:n Partner:in. Eure Kinder, wenn ihr denn welche habt, haben übrigens am liebsten glückliche Eltern.

Wenn du am Ende des Tages die Frage „Will ich mit mir selbst zusammen sein?" mit einem klaren Ja beantworten kannst, hast du alles richtig gemacht.

Hierzu ein, wie ich finde, passendes Zitat von Rainer Sachse:
"Wie deutlich geworden ist sind Persönlichkeitsstile komplex. Es ist nicht leicht, seine eigenen Stile zu verstehen, und es ist schwierig, die Stile von Interaktionspartnern zu begreifen, wie wir gesehen haben erzeugen aber Stile für die Person selbst mehr oder weniger hohe Kosten und wenn, falls man diese Kosten nicht will, dann muss man logischerweise etwas bei sich ändern. In aller Regel kann man aber sein Handeln nur dann ändern, wenn man es selbst versteht. Versteht man nicht, warum man so handelt, denkt oder fühlt, wie man es tut, dann weiß man auch nicht, was man eigentlich ändern sollte und vor allem nicht wie."[4]
Genau an dem Punkt möchte ich mit diesem Buch ansetzen. Wenn du bereit bist zur Veränderung, gebe ich dir gerne ein paar Denkansätze mit und freue mich, wenn du es selbst schaffst, die Veränderung in dir herbeizuführen. Falls du mehr Unterstützung als dieses Buch brauchst, weißt du, wie du mich erreichen kannst.

---

[4] Sachse, Rainer, Persönlichkeitsstile: Wie man sich selbst und anderen auf die Schliche kommt, 2019, S. 44

2. LÜGEN – ODER DIE VERTRAUENSFRAGE

Was ist eine Lüge?

Ich erlebe häufig Entrüstung, wenn mir Leute erzählen, dass sie Lügen aufgedeckt haben oder Lügen durch Zufall aufgedeckt wurden. Zum Thema Lügen habe ich – wie sollte es auch anders sein – meine ganz eigene Sichtweise, die ich im nachfolgenden Kapitel gerne mit dir teilen möchte:

Also zum einen halte ich es ganz wie Dr. House[5]: Everybody lies. (Jeder Mensch lügt) Kennst du noch die amerikanische Arztserie mit dem seltsamen Vogel?

Aber selbst, wenn du die Serie nicht kennst, stimmt diese Aussage.
Jeder Mensch lügt.
Lügen ist ein essentieller Teil unseres sozialen Zusammenlebens.

Wer von uns hat nicht schon diese Situation erlebt, dass die unliebsame Kollegin oder der unliebsame Kollege uns gefragt hat: "Wie geht es dir?" Was antwortet man dann? „Mir geht's gut." Man will demjenigen nicht die Wahrheit sagen. Und das ist auch gut so.
Jeder hat in jeder Situation das Recht zu lügen.

Wenn du mehr zum Thema Lügen lesen möchtest, kann ich dir das Buch „Entlarvt!" von Jack Nasher[6] sehr empfehlen.

Zurück zum Beispiel mit der Kollegin oben. Wenn ich die Kollegin z.B. nicht besonders mag, möchte ich auch nicht, dass sie intime Details von mir weiß, wie z.B. wenn ich an diesem Tag irgendwie krank wäre. Ich möchte das einfach nicht erzählen. Punkt!

Manchmal kann in einem solchen einfachen Fall ein „Sicher?" dazu führen, dass ich vielleicht doch mein Herz öffne und die Wahrheit sage. Manchmal führt es aber einfach nur dazu, dass ich antworte: "Jaja, alles in Ordnung."

---

[5] nach Wikipedia ... („Dr. House" 2022)
[6] Nasher, Jack, Entlarvt!, 2019,

Auf der Metaebene, also unbewusst, unausgesprochen, wissen wir beide, dass das gelogen war, einigen uns aber darauf, dass hier nichts weiter passiert. Das sind sozialverträgliche Lügen. Diese Lügen sind sozusagen positiv besetzt, wenn man sie werten möchte.

Sie schaden niemandem.

Selbst wenn wir jemanden noch nicht so gut kennen, spielt uns unsere Psyche kleine Streiche. Kennst du den sog. Halo-Effekt? Du findest jemandem sympathisch. Gerade weil du ihn sympathisch findest, traust du ihm viele positive Eigenschaften zu. Ohne zu wissen, ob er diese wirklich hat. Du magst z.b. Menschen, die großzügig sind? Dann traust du der nächsten sympathischen Person, die du kennenlernst zu, dass sie großzügig ist. Ohne zu wissen, ob sie es wirklich ist. So ist es auch mit dem Lügen. Wir möchten nicht gerne belogen werden. Zumindest auf den ersten Blick. Deshalb trauen wir Menschen, die wir mögen auch nicht zu, dass sie uns anlügen. Umso größer ist dann die Enttäuschung, wenn wir merken, dass uns der oder die andere doch angelogen hat.

Dieses Gefühl kennst du sicher. Auf der einen Seite dieses Triumphale: "Ha! Hab dich!" Dieses Gefühl der Überlegenheit. Der andere glaubt doch wohl nicht, dass er MICH für dumm verkaufen kann. Jetzt habe ich ihn erwischt!

Dieser Triumph kannst du allerdings nur so lange auskosten, bis du den Anderen mit deiner Entdeckung konfrontierst. Diese Konfrontation löst bei den Meisten Reaktionen aus die zur Eskalation führen können.

Jemanden bei einer Lüge zu ertappen ist für beide Seiten unangenehm. Nur denkst du jetzt vielleicht, dass nachdem du dein Gegenüber damit konfrontierst alles vorbei ist. Aber damit liegst du ganz schön daneben. Jetzt geht es nämlich erst richtig los.

Wie oft ist es dir in einer solchen Situation schon passiert, dass dein Gegenüber gesagt hat:" Ja, ich habe gelogen." Nicht so oft, oder?

Warum lügen wir oder werden von anderen belogen?

Ich bin mir nicht ganz sicher, ob das mit den 10 Geboten zu tun hat, dass viele Menschen lügen als so etwas Schlechtes empfinden.

Mir persönlich gefällt ja die Übersetzung des Satzes „Du musst nicht lügen" besser als „Du sollst nicht lügen". „Du sollst" hat so etwas Ermahnendes. Du sollst das nicht tun, weil Papa oder Mama sonst böse auf dich sind. „Du musst nicht" hat etwas Erlaubendes. Du musst nicht lügen. Es ist okay. Du darfst ehrlich, wahrhaftig sein.

Was passiert denn, wenn Eltern ihren Kindern mit Strafe drohen, wenn sie eine bestimmte Verhaltensweise an den Tag legen? Richtig! Die Kinder finden Wege es trotzdem zu tun und werden so automatisch zum Lügen erzogen.

Naja, und genauso verhalten wir Erwachsenen uns auch, wenn wir das Gefühl haben, dass unser Verhalten vom Gegenüber nicht angenommen wird.

Merkst du was?

Das Gefühl ist bei mir. ICH habe das Gefühl, dass meine Partnerin böse auf mich wird, wenn ich ihr sage, dass ich die Blume für Tante Gertrud vergessen habe. Also lasse ich mir eine tolle Geschichte einfallen, die vordergründig erklärt, warum ich die Blumen für Tante Gertrud gar nicht kaufen konnte.

Oder der Klassiker: bei wie vielen von euch hat der Hund schon mal die Hausaufgaben gefressen? Auch wenn ihr gar keinen Hund habt.

Genau hier geht's los. Wie soll meine Partnerin mir denn beweisen, dass mein Chef mich nicht zu den Überstunden verdonnert hat, weshalb ich zu spät nach Hause kam und alle Blumenläden schon zu hatten?

Wie soll die Lehrerin mir beweisen, dass ich die Hausaufgaben gar nicht gemacht habe und der Hund sie nicht wirklich gefressen hat?

Wie du erkennen kannst, dass dich jemand anlügt

Jack Nasher erklärt in seinem Buch unter anderem die beste Technik, wie man jemanden beim Lügen entlarven kann. Es ist kein großes Geheimnis und so einfach, dass man es selbst nicht glauben möchte: die Antwort ist die direkte Frage.
Das heißt also, wenn du wissen möchtest, wo dein Mann oder deine Frau gestern Abend war, frag sie oder ihn. Dann beobachte die Person. Du wirst intuitiv an der Reaktion deines Partners erkennen können, ob er

lügt oder nicht. Lügen an sich ist den meisten Menschen gar nicht unangenehm. Es ist ein Schutz der Privatsphäre. Ich will nicht, dass du weißt, was ich gerade denke. Das, was dann unangenehm wird ist, wenn man sich bei einer Lüge ertappt fühlt. Da kann es dann für das Gegenüber spannend werden. Die Körpersprache an sich lügt nie. Auch hierzu gibt es eine ganze Menge an Literatur. Allerdings ist es auch hier aus meiner Sicht wieder relativ einfach. Schau dir dein Gegenüber an und - je nachdem wie sensibel du bist – merkst du irgendwann, dass die Körpersprache mit dem, was dein Gegenüber sagt nicht übereinstimmt. Dieses komische Gefühl kann auf eine Lüge hindeuten.

Jack Nasher und diverse andere „Lügenexperten" sind der Meinung, dass du die sog. Basis-Linie einen Menschen kennen musst. Die Basis-Linie ist ein regelmäßiges Verhalten in ruhigem Zustand. Lügen bzw. die Angst bei einer Lüge ertappt zu werden löst Stress in uns aus. Wir verändern unser Verhalten, um sie zu verändern. Wenn du diese Veränderung erkennst, kannst du eine Lüge erkennen.

Allerdings gibt es hier zwei Ausnahmen:
Der "Lügner" ist absolut davon überzeugt, dass er die Wahrheit spricht. Dann wirst du keine Abweichung zur sog. Basis-Linie feststellen können, schließlich ist er der Meinung er spricht die Wahrheit.
Du hast es mit einem versierten Lügner zu tun. Er ist geübt darin Menschen anzulügen, kennt eventuell unbewusst den Unterschied zwischen Basis-Linie und der Abweichung bei Lügen und kann diese nahezu perfekt vertuschen.

Was kannst du tun, wenn du belogen wirst

Meistens streitet der andere erstmal alles ab. Das hab ich so nicht gesagt. Das hast du falsch verstanden. Das muss ein Irrtum sein. Es ist nicht so, wie es aussieht, usw. (siehe hierzu Gaslighting weiter oben). Gerade beim letzten Satz wäre ich an deiner Stelle sehr aufmerksam und hellhörig. Denn dieser Satz stimmt fast immer. Es ist nicht so, wie es aussieht.

Menschen fragen sich in solchen Situationen oft: "Warum tut er mir das an? Warum belügt er mich?" (Er steht hier als Synonym für beide Geschlechter.)

Also dazu erstmal vorweg. Jeder belügt jeden. Den Anspruch zu haben eine besondere Ausnahme zu sein ist ziemlich illusorisch.

Was du allerdings tun kannst, wenn du auf der Seite der Lügner(innen) stehst, ist gut zu lügen. Was ich damit meine? Lügen ist eine Kunst. Du musst einige Möglichkeiten, die passieren können gedanklich durchspielen, und ein paar hellseherische Fähigkeiten gehören auch dazu... und natürlich ein klein wenig Glück. Denn manchmal lügen wir mit der Gewissheit, dass das eh nicht rauskommt, ohne zu bedenken, dass die Personen, die wir zum Lügen verwenden eventuell mal aufeinandertreffen könnten oder sonst per Zufall zusammenkommen. Sobald deine Eltern deiner Lehrerin stecken, dass ihr gar keinen Hund habt, der deine Hausaufgaben hätte auffressen können, bist du aufgeflogen.

Tja, und leider verplappert sich meine Nachbarin beim nächsten Mal als meine Freundin zu Besuch ist und fragt, ob sie wieder so einen Erdbeerkuchen backen soll wie letzten Dienstag. Der Nachmittag war ja soooo schön. Wie? Letzten Dienstag? Da musstest du doch Überstunden machen und konntest deswegen die Blumen für Tante Gertrud nicht holen. Ups! Aufgefallen!
Es gibt Menschen, die sind Meister im Lügen. Auch ich bin in meinem Leben schon einigen davon begegnet. Es sind immer wieder sehr verunsichernde Momente, wenn du dastehst, vielleicht sogar den Beweis der Lügen in der Hand hältst und dein Gegenüber immer noch steif und fest behauptet, dass das so nicht sein kann, wie du das behauptest.

Natürlich ist man in Hab-Acht-Stellung, wenn man gerade einer Lüge aufgesessen ist. Wenn du offensichtlich merkst, dass du belogen wirst, ist das Vertrauen erst mal für einen kurzen Moment dahin.
Hier fällt mir der Spruch „Vertrauen ist gut, Kontrolle ist besser" ein. Althergebracht, in manchen Situationen durchaus sinnvoll, aber in den meisten NICHT.
Ich würde eher sagen: "Kontrolle ist gut, Vertrauen ist besser."
Klar bist du jetzt sauer. Vielleicht denkst du auch: „Warum belügt er MICH?" Du bist gekränkt.
Hast du schon mal darüber nachgedacht, warum der andere dich belügt? Die meisten Lügen entstehen nicht, um jemandem zu schaden, im Gegenteil. Lügen ist eine Art Schutzmechanismus. Entweder möchte der Lügner jemand anderen oder sich selbst schützen.
Ich will jetzt nicht sagen, dass das einfach ist. Was wäre denn, wenn du dir in solchen Momenten sagen würdest: "Der andere weiß schon, was er (oder sie) da tut." Auch wenn er dich belügt. Du vertraust ihm dahingehend, dass er für sich das richtige tut.

Wo wir wieder bei dem Satz „Es ist nicht so, wie es aussieht."
angekommen sind. Denn dieser Satz stimmt in den meisten Fällen.
Ganz viel gelogen wird ja von Menschen, die Affären haben.
Lügen und Affären haben etwas grundlegendes gemeinsam. Die
Gesellschaft erzählt uns, dass wir beides nicht tun sollten. Das Gegenteil
ist aber der Fall. Beides passiert zuhauf.
Eine Affäre ist eine tolle Sache. Man kann aus dem Alltag fliehen und
dem Affärenpartner oder der Affärenpartnerin immer wieder ein
Sonntags-Gesicht vorspielen.

Ich habe vor kurzem die Serie Dexter geschaut. Die Serie hat mit Affären
relativ wenig zu tun, eher mit ganz vielen Morden und einem
Serienkiller. Dort fiel in einer Folge der Satz „Die Wahrheit ist etwas, was
nicht jedem zu jeder Zeit zugänglich sein sollte." Diesen Satz
unterschreibe ich blind.

Nun hat nicht jeder einen Serienkiller oder eine Serienkillerin an seiner
oder ihrer Seite. Wie erfreulich!

Jeder Mensch hat allerdings ein Recht auf Privatsphäre. Um es mit Al
Bundy zu sagen[7]: "Peg, wenn ich wollte, dass du weißt, was ich denke,
würde ich es dir sagen."

Mir ist dazu eine Geschichte zu Ohren gekommen, die gut in diesem
Zusammenhang passt:
Die Freundin einer Freundin hatte 15 Jahre lang eine perfekte Ehe. Der
Mann war ein liebevoller, fürsorglicher Ehemann und Vater. Die Frau
hatte keinen Grund zur Klage. Bis sie eines Tages ein komisches
Bauchgefühl hatte. Dann ging sie diesem Bauchgefühl nach, fing an zu
recherchieren und fand heraus, dass der Mann seit 10 Jahren eine Affäre
hatte.
Sie hat in einer Nacht-und-Nebel-Aktion das Kind geschnappt und hat
ihn verlassen.
Der ein oder andere, der das jetzt hier liest, wird sicher denken: Richtig
so! Das hat dieser miese Lügner und Betrüger nicht besser verdient.

Meine Freundin erzählte mir die Geschichte übrigens auch sehr
triumphierend, also so, dass ich zu der Ansicht kam, dass sie mit dem
Verhalten der Frau in dem Moment einverstanden war.
Ohne den Sachverhalt, die Beziehung und die beiden Leute wirklich zu
kennen ist es natürlich unmöglich ein einigermaßen wahrhaftiges Bild

---

[7] nach Wikipedia ... („Al Bundy" 2022)

von der Situation zu haben. Mein erster Gedanke war allerdings: Schade! Sie hat dem Kind den Papa genommen. Das Kind weiß wahrscheinlich noch nicht mal warum. Für das Kind war der Papa wahrscheinlich der Beste. Und er? Er hat diese Affäre vielleicht einfach gebraucht, um ein guter Ehemann und Vater sein zu können. Dass sie verletzt und enttäuscht ist, verstehe ich gut. Das ist mit Sicherheit kein Pappenstiel. Allerdings kann ich die Handlungen, die sie aus dieser Enttäuschung und Verletztheit heraus vollführt hat, nicht nachvollziehen.

An dieser Stelle ein kurzer Schwenk zu The Work und Byron Katie. Die Amerikanerin Byron Katie hat eine Methode entwickelt, mit der jeder Mensch die Urteile, die er über seine Außenwelt fällt, als Mittel zur Selbsterkenntnis einsetzen kann:
Mehr zu The Work findest du in Kapitel 8 dieses Buches – Emotions-Management – Gedankensteuerung – THE WORK von Byron Katie
In ihrem Falle also: was wäre passiert, wenn sie nie etwas von der Affäre erfahren hätte?

Klar kann man sich in so einem Moment nicht einfach hinsetzen und sagen: ich tue jetzt einfach so als wüsste ich von nichts und als wäre das alles nie passiert.
Allerdings finde ich die Reaktion der Frau vorschnell und übereilt.
Mir wurde vor Kurzem eine Geschichte eines großen Vertrauensmissbrauchs erzählt verbunden mit der Frage: Wie soll ich diesem Menschen je wieder vertrauen?

Vertrauen ist ein Geschenk. Du kannst es jemandem schenken. Jemandem wirklich zu vertrauen hat viel damit zu tun die Kontrolle loszulassen. Wenn du jemandem wirklich dein Vertrauen schenkst, dann tust du das mit dem Gefühl, dass es gut ist wie es ist und nicht nur dann gut ist, wenn es so ausgeht, wie du es dir wünschst.
Glaub mir, mir fällt es auch manchmal nicht leicht zu sagen. „Ich vertraue dir, auch wenn ich gerade merke, dass du mich anlügst."
Vertrauen kann man nicht erzwingen. Entweder das Vertrauen ist da oder es ist nicht da. Nur bringt es aus meiner Perspektive relativ wenig bei fehlendem Vertrauen in eine Art Kontrollzwang zu verfallen.
Du hast den klassischen notorischen Fremdgeher an der Backe? Was willst du tun? Dadurch, dass du ihn kontrollierst und einen Stacheldrahtzaun um dich und eure Beziehung wickelst machst du alles nur noch schlimmer. Er wird Mittel und Wege finden weiterhin fremd zu gehen und dich weiterhin zu belügen.

Vielleicht schaffst du es, deine Gedanken in eine andere Richtung zu lenken. Warum geht er fremd? Wo ist dein Schaden dabei? Viele von uns haben diese moralische Keule im Kopf, die uns in dieser Gesellschaft suggeriert wird: Fremdgehen tut man nicht! Wenn man das aber nicht tun sollte, wieso machen es dann doch so viele? Vielleicht schafft ihr es sogar darüber zu reden. Das mit dem Reden ist nicht leicht. Denn oft verleugnen Menschen solche Thematiken. Das ist gesellschaftlich nicht anerkannt also darf ich das auf gar keinen Fall zugeben. Selbst wenn ich erwischt werde. Ich möchte nicht der böse Fremdgeh-Arsch sein.

Ich hatte mal ein Gespräch mit einer Frau, die mir erzählte, dass sie ganz froh darum sei, dass sich ihr Mann den Sex außerhalb der Beziehung holen würde. Sie hatte traumatische Erlebnisse in ihrer Kindheit gehabt und nicht so viel Spaß an Sex. Dass er sich den Sex außerhalb holte, war für sie eine Entlastung. Aber das sagte sie mir im Vertrauen. Öffentlich zugeben würde sie das selbstverständlich nicht. Damit könnte sie ja das Bild beschädigen, das andere Menschen von ihr haben.

Aus meiner Erfahrung heraus lügen die meisten Menschen zum Selbstschutz, aus guter Intention heraus. In den seltensten Fällen lügen sie tatsächlich, um jemand anderen zu verletzen. Der oben genannte notorische Fremdgeher lügt dich an, weil er weiß, dass dich sein Fremdgehen verletzt und möchte dich wahrscheinlich schützen. Manchmal lügen wir schlicht und ergreifend einfach, weil wir Angst davor haben das Gegenüber mit der Wahrheit zu verletzen. Wenn du das nächste Mal das Gefühl hast, dass dich jemand belügt, kannst du – nach dem ersten Schock – mal überlegen, ob du vielleicht sogar mit der Lüge leben kannst. Wo ist denn dein Schaden dabei?

Frei nach Byron Katy: "Wer wäre ich, wenn ich die Wahrheit nicht kennen würde?" Welchen Impact hat die Wahrheit auf dich? Ich höre sehr oft, dass Menschen dann Kopfkino haben und sich in irgendwelche Gedankenwelten fallen lassen, um Zukunftsszenarien zu spinnen. Aber warum? Was bringt es dir, wenn du irgendwelche Horrorszenarien in der Zukunft entwickelst, von denen du nicht weißt, ob sie jemals eintreffen? Genau! Rein gar nichts.
Genau aus diesem Grund solltest du dir die Lügen deines Gegenübers anschauen. Schaue nach der Intention. Überlege dir: welche Auswirkung hat diese Lüge auf mich? Wenn es ihm mit seiner Lüge besser geht und ich dadurch keine Nachteile habe, lass ich ihn weiter lügen.

Irgendwann kannst du deinem Gegenüber mit der Gelassenheit entgegentreten und sagst dir: „Ich vertraue dir in dem was du tust. Ich vertraue dir dahingehend, dass du weißt, was das richtige für dich ist und wenn es dazu gehört mich anzulügen, dann lüge." Vor kurzem hatte ich mit jemanden das Gespräch über das Thema Vertrauen. Diese Person vertraute mir an, dass die vergangene Beziehung dieser Person dafür gesorgt hat, dass sie jegliches Vertrauen in eine bestimmte Gattung Mensch verloren hat. Ihr könnt euch jetzt selbst überlegen, ob damit Männlein oder Weiblein gemeint ist. Nein, ein Cross-Gender oder Diverser oder sonst irgendwelche Art des dritten Geschlechts war es nicht. So viel kann ich an dieser Stelle verraten.

Ich sagte dieser Person, dass das den zukünftigen Partnern oder Partnerinnen, die diese Person dann im Leben kennenlernen wird, gegenüber unfair sei. Woraufhin diese Person antwortete: „Der neue Mensch in meinem Leben muss mir erstmal beweisen, dass ich ihm vertrauen kann." Ich glaube nicht, dass diese Beziehung lange funktionieren wird. Wenn ich mir vorstelle, ich würde jemanden neu kennenlernen und dieser Jemand würde „testen", ob er mir vertrauen könnte. Dieser Test würde nach den Spielregeln des Gegenübers ablaufen. Diese Spielregeln bekomme ich im ganz perfidesten Fall gar nicht im Vorfeld mitgeteilt. Also ganz ehrlich, da wäre ich ganz ganz schnell raus aus dieser Kiste. Im doppelten Wortsinn.

Hey und das ist jetzt kein großes Geheimnis. Ich denke, da geht's mir so wie jedem anderen Menschen auf der Welt. Auch ich habe in der Vergangenheit schon Menschen vertraut, um dann festzustellen, dass ich das besser nicht hätte tun sollen. Ich bin auch schon angelogen worden. Ja, so isses halt! Das gehört nun mal einfach irgendwie zum Zusammenleben dazu.

Wenn du für dich entscheidest, dass du nicht mehr in der Lage bist, jemandem zu vertrauen, bleibt dir, glaub ich, nur eine Konsequenz daraus: du darfst einfach keinen näheren Kontakt zu irgendwelchen Menschen haben.

Vertrauen kannst du nur schenken. Nachdem du es geschenkt hast, kannst du schauen, ob der Beschenkte das Geschenk annimmt. Wenn du allerdings im Verlauf der Zeit feststellst, dass er das Geschenk nicht verdient hat, musst du halt deine Konsequenzen daraus ziehen.

Ich glaube, das schwierigste an der Sache mit dem Lügen ist zu verstehen, dass es nichts mit einem selbst zu tun hat, wenn jemand anderes einen belügt.

Auch ich bin jahrelang durch die Gegend gelaufen und habe mich, sobald eine Lüge aufgedeckt wurde, gefragt:" Warum tut derjenige mir das an? Warum belügt derjenige mich?" Es hat einen Moment und ein paar weitere Lügen gebraucht, bis ich verstanden habe, dass derjenige, das nicht MIR antut. Sondern dass die Gründe, warum er mich belügt, schlicht und ergreifend bei ihm selbst liegen.

Wie oben schon erwähnt, benötigt es recht viel Intelligenz und auch ein klein wenig hellseherische Fähigkeiten, um gut lügen zu können, vor allen Dingen um eine Lüge so gut aufzubauen, dass sie nicht aufgedeckt wird. Ein bisschen Glück gehört manchmal auch dazu. Wie viele Lügen sind schon durch puren Zufall aufgedeckt worden?
Nun sind in der Vergangenheit ein paar Lügen aufgedeckt worden. Und?
Ab dem Zeitpunkt, ab dem ich über die Enttäuschung hinweg war, dachte ich mir. Okay, deine Lüge, dein Problem. Kannst du behalten.

Manchmal hat man es mit notorischen Lügnern zu tun. Diese Menschen merken praktisch gar nicht mehr den Unterschied zwischen Wahrheit und Lüge.
Was Wahrheit und was Lüge ist kommt manchmal auch auf den Einzelfall an. Im Endeffekt ist mir wichtig mich selbst so wenig wie es möglich ist zu belügen.
Es gibt doch da diesen Satz „Wer einmal lügt, dem glaubt man nicht, selbst wenn er dann die Wahrheit spricht." Ich denke das Problem liegt eher darin begründet, dass dieser Mensch sich selbst nicht mehr glaubt bzw. sich selbst belügt.
Ich weiß nicht genau, ob dieser Satz aus der Bibel kommt, aber er lautet „An ihren Taten sollt ihr sie erkennen." Mir gefällt dieser Spruch sehr gut. Schau weniger auf die Worte eines Menschen, schau mehr auf das, was er tut.
Du hast einen notorischen Lügner in deinem Umfeld, den du aber nicht so einfach aus deinem Leben streichen kannst?
Wenn du möchtest, ruf mich gerne an oder schreib mir und wir schauen gemeinsam, wie du es schaffen kannst für dich besser damit umzugehen.
Sodele, und vom Lügen hüpfen wir gleich rüber zum nächsten heißen Thema....

3. EIFERSUCHT

„Eifersucht ist eine Leidenschaft, die mit Eifer sucht was Leiden schafft", sagt schon der Volksmund.
Diesen Satz kann man so oder so interpretieren. Denk mal in Ruhe darüber nach, ob es in deinem Leben schon einmal eine Situation gegeben hat, in der Eifersucht etwas Positives bewirkt hat? Wenn du solche eine Situation findest, lass es mich bitte gerne wissen. Ich bin immer froh darum, neues zu lernen und mich positiv überraschen zu lassen.
Eifersucht an sich gibt es gar nicht. Denn unter dem Deckmäntelchen Eifersucht verstecken sich ganz viele unterschiedliche Gefühle. Zum Beispiel kann Verlustangst dahinterstecken oder die Angst nicht so gut zu sein wie der/die andere. Manchmal steckt auch Neid dahinter. Lass uns doch mal Neid näher anschauen: Es gibt konstruktiven und destruktiven Neid.

Im Grunde genommen sagt es ja das Wort an sich schon. Destruktiv heißt zerstörend. Konstruktiv heißt aufbauend, etwas verbessern wollen, etwas Positives erreichen.
Auch ich bin nicht frei von Neid und ich gehe damit auch sehr offen um. Vor kurzem habe ich gerade erst einer Freundin wieder gesagt, wie neidisch ich auf sie bin. Daraufhin kam gleich der Tipp von ihr wie ich das, was sie hatte, auch erreichen kann. Das sind wahre, tolle Freunde, finde ich.

Wenn du neidisch auf jemanden bist, hast du 2 Möglichkeiten vorzugehen. Die eine Möglichkeit ist: du schaust dir an, worauf du neidisch bist und versuchst, es selbst zu erreichen. Die zweite Möglichkeit ist zu versuchen dem anderen das, was er da erreicht hat, irgendwie auf destruktive Art und Weise kaputt zu machen.
Du zerkratzt seinen Porsche, du zerstörst seine nach außen perfekt wirkende Beziehung (Spoiler: Es gibt keine perfekten Beziehungen). Aber am Ende des Tages sitzt du da und kannst dir überlegen: Was hat mir das jetzt gebracht, dass ich dem anderen das zerstört habe? Es ist ein kurzes Gefühl der Genugtuung. Der andere hat das nicht erreicht. Ich bin jetzt glücklich darüber, dass er das nicht erreicht hat. Aber was ist eigentlich mit dir? Du bist immer noch der Gleiche, oder die Gleiche. Nur eventuell ohne die andere Person, weil diese jetzt sauer auf dich ist.
Es gibt natürlich auch extreme Formen von Eifersucht:

Für solche Härtefälle gibt es an der Universitätsklinik Innsbruck eigens eine Eifersuchtssprechstunde[8]: "Oft verbirgt sich hinter dem Argwohn ein anderes Problem, sagt deren Leiter Dr. Harald Oberbauer: ,Krankhafte Eifersucht kann ein Epiphänomen psychischer Erkrankungen wie Depressionen, Schizophrenie, Angst- und Zwangsstörungen sein. Manchmal lässt ein niedriges Selbstwertgefühl die Patienten zweifeln, ob sie überhaupt gut genug für ihren Partner sind. Auch sexuelle Schwierigkeiten wie Impotenz können dazu beitragen', so der Psychiater. Bei anderen Betroffenen fehle die nötige Impulskontrolle, um die Eifersucht im Zaum zu halten. Das komme bei Menschen mit Alkoholsucht oder einem Schädel-Hirn-Trauma vor."

Um die Eifersucht in den Griff zu bekommen, muss man das zugrunde liegende Problem behandeln, sagt der Experte. Oft können krankhaft Eifersüchtige in einer Psychotherapie lernen, ihre Katastrophengedanken zu hinterfragen: „Welche Gründe könnte es noch geben, dass mein Mann noch nicht zu Hause ist?" Eine Paartherapie kann ebenfalls helfen, schädliche Muster zu erkennen und an einer guten Kommunikation zu arbeiten – je früher, desto besser sind die Chancen, die Beziehung zu retten.

Da ich selbst, wenn möglich, gerne Marathon laufe, komme ich unweigerlich in Kontakt mit einigen Marathonläufern. Marathonläufe sind immer Wettkämpfe. Jeder möchte hier das Beste aus sich herausholen. Es gibt auch Läufer, die die Marathons einfach nur für sich alleine laufen. Vor denen habe ich mega Respekt. Ich brauche dieses Wettkampf-Gefühl und den Ansporn eine bestimmte Zeit erreichen zu wollen für mein Training. Darüber hinaus hast du halt bei einem Marathon-Wettkampf auch die Streckenverpflegung, um die du dich, wenn du den Marathon nur für dich läufst, selbst kümmern müsstest. Das aber mal nur am Rande.

Auf diesen Wettkämpfen hab ich schon einige Eifersuchts-Szenen beobachten können. Eigentlich waren es Neid-Szenen, die sich als Eifersuchts-Szenen getarnt haben. Hier und da fiel auch schon mal der Satz: Das nächste Mal stelle ich ihm einfach ein Bein.
Tja, kann man machen. Ist böse, doof, unfair....und....Was machst du denn, wenn das irgendwann mal rauskommt, dass es doch kein Unfall war? Selbst wenn es sich nicht hundertprozentig beweisen lässt, wird die Beziehung zwischen euch (egal ob jetzt Freundschaft oder einfach nur

---

[8] Dr. Oberbauer, Harald (2022)

ne lockere Laufkumpel-Beziehung oder was auch immer) auf Dauer gestört sein.
Schneller bist du übrigens dadurch auch nicht geworden.

Sodele, das Ganze jetzt mal übertragen auf eine – nennen wir sie mal romantische - Beziehung zwischen zwei Menschen:
Okay, dein Partner hat sich verliebt. Die Frau ist aber auch toll. Meine Güte, ach herrje, und wie sie aussieht. Ja, du siehst halt nicht so aus wie eine die keine Kinder bekommen hat und ihr ganzes Leben irgendwie in Sport investieren konnte.
Sie hat das perfekte Sixpack definiert während du halt gerade mit deinem Schwangerschaftsbauch nach der dritten Schwangerschaft kämpfst. Aber du hast diesen Typen daheim und der kümmert sich liebevoll um dich, der kümmert sich um dich und eure Kinder. Er ist der beste Ehemann und Vater, den du dir vorstellen kannst.
Kannst du ihn nicht einfach kurz mal ein kleines bisschen verliebt sein lassen in diese perfekte Frau mit dem (scheinbar) perfekten Sixpack?
Gönne ihm einfach mal seinen Spaß in dem Vertrauen darauf, dass er, wenn er seinen Spaß hatte, wieder zu dir zurückkehren wird und genau darauf fokussiert sein wird, was er bei dir hat?

Affären sind oft mehr Schein als Sein. Es ist meistens nur die Lust am Verbotenen, das Aufregende, was man zu Hause nicht hat.
Neue Menschen sind immer spannend, und aufregend...und NEU! Wenn du jahrelang Schnitzel mit Pommes hattest und da kommt ein Chicken Curry um die Ecke...dann willst du wenigstens mal probieren. Dass du nachher Probleme mit dem Glutamat bekommen wirst, weißt du ja zu dem Zeitpunkt noch nicht.

By the way: Ich weiß aus Berichten von anderen Frauen, wieviel Disziplin und wieviel Arbeit es erfordert so ein perfekt definiertes Sixpack zu bekommen, gerade eben als Frau.
Tja, und wie viel Stunden die Jungs für ihren perfekten Bizeps im Fitness-Studio verbringen sehe ich ja auch hin und wieder, wenn ich gerade diese Jungs im Fitness-Studio treffe. Deswegen sind sie auch nicht mehr oder weniger glücklich als du.
Nur während du deine Zeit mit deinen tollen Kindern verbringst, sind sie wahrscheinlich alleine im Fitness-Studio.
Glückseligkeit ist nicht messbar. Du bist dein eigener Maßstab für Glückseligkeit und du darfst glücklich sein. Es gibt niemanden, der dir verbietet glücklich zu sein, außer dir selbst.
Du darfst auch eifersüchtig sein, wenn du das willst. Es verbietet dir auch niemand. Du darfst nur auch jedes Mal fragen, was es dir bringt.

Wenn du eifersüchtig bist, versuche in die Tiefe zu gehen. Versuche herauszufinden, welche negativen Aspekte es bei diesen in deinen Augen so perfekten Menschen gibt. Ich kann dir versichern, die gibt es. Alles kostet einen Preis. Du kannst aber einfach nicht loslassen? Du hast dich an dieser einen Person festgebissen. Wenn dein Mann nach Hause kommt und ständig von seiner Sekretärin erzählt oder deine Freundin immer wieder von dem süßen Physiotherapeuten schwärmt, könntest du ausrasten. Du würdest sie am liebsten umbringen. Moment! Ich hab da die Telefonnummer eines sehr zuverlässigen Auftragskillers. Sekunde....

Nein, Spaß beiseite.

Ich habe ein Anti-Eifersuchtsprogramm entwickelt. Schau mal auf meine Homepage. Wir schauen uns gemeinsam deine Eifersucht an und entwickeln dann eine Strategie, wie du damit besser umgehen kannst.

Niemand MUSS eifersüchtig sein. Genauso wenig wie niemand nachtragend sein muss. Ich hatte vor kurzem erst wieder ein Gespräch mit einer Person die sagte, dass sie ein nachtragender Mensch sei. Ich antwortete nur: Bist du sicher? Wer sagt denn, dass du ein nachtragender Mensch bist, außer dir? Wäre dein Leben nicht viel leichter, wenn du niemandem mehr etwas NACH TRAGEN würdest? Mein Anti-Eifersuchtsprogramm ist mit einer Geld-zurück-Garantie versehen. Wir durchlaufen das Programm gemeinsam und wenn du am Ende sagst, dass es dir nichts gebracht hat, bekommst du von mir - ohne Angabe von Gründen - dein Geld zurückerstattet. Anschließend kannst du es dann immer noch in den Auftragskiller investieren. Was hältst du davon?

4. SELBST-RESPEKT UND SELBST-FÜRSORGE – ein Kapitel für Frauen, queere Männer, Transmenschen, Diverse und alle anderen, die sich mit dem Kapitel angesprochen fühlen möchten

Wenn du ein heteronormativer weißer cis-Mann bist, darfst du dieses Kapitel gerne überspringen. Falls du nicht weißt, was das bedeutet: Ein heteronormativer CIS-Mann ist ein Mann, der als Junge geboren wurde und sich im Laufe seines Lebens auch als heterosexuellen Mann empfindet. Das gleiche gibt es auch als heteronormative CIS-Frau. Du darfst aber auch gerne einfach weiterlesen, wenn dich meine Sicht auf die Themen Selbst-Respekt und Selbst-Fürsorge interessiert. Meine Sicht auf die Dinge ist die Sicht einer bi-sexuellen CIS-Frau. Ich fange gleich mal mit einer Frage an: Vor wem hast du am meisten Respekt? Wen bewunderst du?
Wie viel Respekt hast du denn eigentlich vor dir selbst?
Bewunderst du dich?
Was? Wie jetzt? Wieso sollte ich mich respektieren oder wieso sollte ich mich bewundern? Das liest sich komisch und das fühlt sich komisch an.
Ja, für mich auch.
Eventuell geht dir es dir wie mir und vielen anderen Menschen auch. Wir sind es nicht gewohnt uns damit zu beschäftigen, ob wir uns selbst respektieren.
Gerade als Frau wird dir eher vermittelt bescheiden zu sein und dein eigenes Licht unter den Scheffel zu stellen. Wir sollten nicht zu selbstbewusst auftreten. Das wird einem dann gleich als Arroganz ausgelegt.

Gerade im beruflichen Umfeld macht es immer noch große Unterschiede, ob eine Frau eine bestimmte Haltung hat oder bestimmte Dinge tut oder ob es ein Mann ist, der das gleiche tut.
Dazu kann ich dir folgendes Buch empfehlen: „Wie du erfolgreich wirst, ohne die Gefühle von Männern zu verletzen: Das wahrscheinlich wichtigste Buch für Frauen in der Arbeitswelt"[9]

Durch meinen Kopf geistern gerade solche Sätze wie: „Das ist doch nichts für eine Frau. Eine Frau mag doch Blumen/Schuhe/Kleider. Eine Frau muss nicht Karriere machen."

---

[9] Cooper, Sarah, Wie du erfolgreich wirst, ohne die Gefühle von Männern zu verletzen: Das wahrscheinlich wichtigste Buch für Frauen in der Arbeitswelt, 2021

Ich höre häufig Geschichten von Menschen, in denen es darum geht, dass diese sich nicht respektiert fühlen.
Auch ich habe mich häufig nicht respektiert gefühlt und habe auch heute noch hier und da Situationen, in denen ich mich nicht respektiert fühle.

Gerade in solchen Momenten hilft es, wenn ich mir die Frage stelle: respektiere ich mich denn überhaupt selbst?
Wie kann ich etwas von anderen Menschen erwarten, zu was ich selbst nicht in der Lage bin?

Falls es dich interessiert: mittlerweile respektiere ich mich selbst. Aber das war nicht immer so und – du weißt schon, was jetzt kommt, oder? – ein anstrengender und schwieriger Weg.
Wir leben in einer patriarchischen, von Männern dominierten Welt. Es gibt da vielerlei interessante Literatur zu, in der unter anderem erklärt wird, wie es dazu kam. Allerdings gibt es schon seit ein paar Jahren ein paar gute Gegenbewegungen. Eine dieser Gegenbewegungen nennt sich Feminismus. Toll, was die Frauen in den letzten Jahren für unser Geschlecht erwirken konnten. Dennoch sind wir noch lange nicht dort, wo wir ankommen sollten. Ich gehöre auch zu diesen Frauen, die sich eine gleichberechtigte Welt wünschen.

Eine Welt, in der es egal ist, welches Geschlecht, welche sexuelle Orientierung, welche Hautfarbe oder sonst welche Merkmale der Mensch hat. Ein Mensch sollte wie ein Mensch behandelt werden. Laut Artikel 3 des deutschen Grundgesetzes sind wir alle gleich. Die Realität sieht hier aber leider immer noch komplett anders aus.
Seit ein paar Jahren gibt es eine weitere Bewegung, die immer wieder in den Medien auftaucht: Nennt sich LGBTQIA+ oder einfacher LGBTQ. Allein wenn du dir diese Abkürzung merken kannst, bin ich schon ein Stückchen stolz auf dich.
LGBTQIA steht für Lesbian, Gay, Bi, Trans, Queer also lesbisch, schwul, bi, trans, queer, inter- und asexuell
Das + beinhaltet dann noch die Allies, also die Unterstützer der Bewegung, die Intersexuellen und alle anderen, die sich zugehörig fühlen (möchten).
Man erkennt sie, unter anderem, an den Regenbogenflaggen. Mal sehen, wie viel Veränderung diese Bewegung noch in unsere Gesellschaft bringt.
In einigen wenigen kleinen Teilen der Welt gibt es auch matriarchalische Ordnungen. Da haben die Frauen das Sagen. Ob das besser ist? Ich glaube nicht. Gleichberechtigung auf Augenhöhe fände ich für den Anfang schon mal eine gute Sache.

Ich habe immer noch zu oft das Gefühl mich rechtfertigen zu müssen, wenn ich Dinge tue, die für Männer selbstverständlich sind. Darüber hinaus habe ich – gerade was die Kommunikation im Internet anbetrifft – teilweise echt abwertende, respektlose und entwürdigende Situationen erlebt. Aber auch im „wahren Leben" waren da schon groteske Situationen dabei, die teilweise unter die Kategorie sexuelle Übergriffigkeit fallen.
Vielleicht hast auch du deine Geschichte dazu. Eine Geschichte, in der du dich nicht respektiert fühlst - aus welchem Grund auch immer. Es gibt noch eine große Lücke zu schließen zwischen den Geschlechtern und es ist noch ein Weg zu gehen bis dahin. Neudeutsch nennt sich das übrigens: Gender-Gap
Aber egal, wie man das Kind auch nennt: Wenn du in eine Situation kommst, in der dir etwas passiert, was du nicht möchtest, darfst du dich dagegen wehren.
Du hast dich entschieden in einer Situation NEIN zu sagen? Dann darfst du dieses NEIN konsequent bis zum Ende der Situation durchziehen.

Ich erlebe es ab und zu mal in Diskussionen, dass mein NEIN nicht gehört wird. Ich frage dann einfach bei meinem Gegenüber nach, wie ich es anstellen soll, dass mein NEIN gehört wird. Gehört werden alleine reicht aber oft nicht. Denn gehört heißt nicht (immer) verstanden. D.h. du darfst in der Situation dann auch nachfragen, was du tun kannst, dass dein NEIN auch als solches verstanden wird.
Hier ist ein guter Platz um ein Kommunikationsmodell einzufügen, das mich schon seit Jahren begleitet und einfach genial auf jede Kommunikation anwendbar ist:

Das Dilemma der Kommunikation nach Konrad Lorenz
(heißt deshalb so, weil dieses Zitat dem Verhaltensforscher Konrad Lorenz zugeschrieben wurde)[10]

Kurz erklärt:
Gedacht ist (noch) nicht gesagt
Gesagt ist (noch) nicht gehört
Gehört ist (noch) nicht verstanden
Verstanden ist (noch) nicht einverstanden
Einverstanden ist (noch) nicht angewendet
Angewendet ist (noch) nicht beibehalten

---

[10] Krieghofer, Gerald (2022)

Nach dieser einfachen Formel kannst du an jede Kommunikation rangehen und schauen, wo das „Dilemma" versteckt ist. In unserem oberen Beispiel wird mein NEIN nicht gehört. Oder es wird gehört, aber nicht verstanden.

Wenn wir diese Situation weiterspinnen, kommen wir zu dem Fall, dass das NEIN zwar gehört und auch verstanden wird, aber das Gegenüber damit nicht einverstanden ist.

Spätestens wenn es in dieser Situation zu körperlichen Übergriffen kommt, darfst du klar zum Ausdruck bringen, dass du NEIN gesagt hast. Und das dieses NEIN auch als NEIN gemeint wurde.

Ich denke, jede Frau kennt Situationen, in denen sie schon von einem Mann gesagt bekommen hat: "Ach, Frauen sagen schon mal nein und meinen dann doch ja."

Gerade in diesen Situationen darfst du klar und für die Situation angemessen zum Ausdruck bringen, dass dein NEIN auch NEIN heißt.

Manche Menschen laufen durch die Welt mit dem Gedanken: Seht her, ich bin anders. Jetzt respektiert mich gefälligst einfach in meiner Andersartigkeit.

Dazu ein kleines, sarkastisches, offenes Geheimnis: Wir sind alle irgendwie anders. Kein Mensch gleicht dem anderen. Selbst eineiige Zwillinge unterscheiden sich voneinander. Nur manche Menschen sind halt weniger konform mit „der Norm".

So einfach funktioniert das aber aus meiner Sicht nicht. Auch hier darfst du wieder aktiv werden: Wenn du das Gefühl hast, dass du nicht respektiert wirst, frag dich als erstes: Respektierst du dich denn überhaupt selbst? Wenn du das klar mit Ja beantworten kannst, kannst du ergründen, warum du dich vom anderen nicht respektiert fühlst.

Was nicht hilfreich ist, ist in einer solchen Situation in einer Erwartungshaltung zu verharren: der andere MUSS mich doch respektieren. Der andere sollte doch genau dasselbe Bild haben von mir wie ich es habe und mich deshalb respektieren. Tut er aber nicht.

Eventuell hat der andere auch eine Erwartungshaltung an dich. Jeder WARTET. Keiner tut etwas. Jeder er-WARTET etwas vom anderen.

Was im Außen passiert kannst du manchmal nicht beeinflussen. Aber deine innere Haltung zu etwas kannst du immer verändern.

Respekt darfst du dir verdienen: Du darfst dich mit breiter Brust hinstellen und sagen: So, ich leiste dies, das und jenes, ich bekomme mein Familienunternehmen perfekt gewuppt, also kann ich auch ein Unternehmen leiten. Wenn du es willst. Wenn du es dir zutraust.

In einem Unternehmen triffst du eigentlich auch nur auf Kinder in Erwachsenenkörpern. Diese spielen gerne die „Spiele der Erwachsenen", wie Eric Berne[11] sie nennt. Allerdings passiert es immer häufiger, dass man auf andere Menschen trifft, die die Spielregeln kennen und einen selbst aus diesem Spiel hinauskatapultieren können.
Umgekehrt geht das übrigens auch. Wenn du die Spielregeln kennen lernst, kannst auch du andere aus dem Spiel werfen (lassen).
Der ein oder andere nimmt hier und da aber schon mal das Spiel zu ernst. Wir sind alle nur Menschen und habe alle nur begrenzte Energie-Ressourcen zur Verfügung.

Wir sind wie wieder aufladbare Akkus. Allerdings kommen diese Akkus manchmal an einen Punkt, wo sie tiefentladen sind, d.h. die Spannung sinkt unter einen bestimmten Bereich. Es wird empfohlen diese Akkus dann zu entsorgen, weil diese sog. „Zombie-Akkus" gefährlich sein können.

Tja, aber bezogen auf einen Menschen entsorgst du ihn ja nicht einfach, wenn er sich über einen gewissen Punkt hinaus erschöpft hat.
Umso größer die Erschöpfung, desto schwieriger ist es aber auch hier den Menschen wieder wiederzubeleben. Manchmal ist eine sogenannte Erschöpfungsdepression die Folge.
So weit musst du es nicht kommen lassen.

Gönne dir jeden Tag ein klein wenig Selbstfürsorge. Im Englischen nennt man das auch Self-Care. Mir gefällt der Begriff allerdings nicht, weil es tatsächlich schon wieder einen Industriesektor gibt, der den Begriff für die Vermarktung von Produkten missbraucht. Selbstfürsorge ist nicht einfach ein Lavendel-Bad oder ein Entspannungs-Spray. Selbstfürsorge ist viel mehr. Es heißt, dass du dich gut um dich kümmerst, dass du selbst Fürsorge für dich übernimmst.
Du darfst dich gut um dich selbst kümmern.
In meinen Einzelcoachings arbeite ich dann gerne mit einer sog. „Du darfst"-Liste. Die Klient:innen schreiben auf diese Liste alles, was sie sich ab sofort selbst erlauben möchten. Denn wir sind es häufig selbst, die uns etwas nicht erlauben. Unsere Mitmenschen haben häufig weniger ein Problem damit, wenn wir manche Dinge tun. Allerdings werden wir alle im Laufe unseres Lebens mit einer Art Programmierung, einem Skript, oder wie auch immer man das nennen möchte, versehen. Nach

---

[11] Dr. med. Berne, Eric, Spiele der Erwachsenen: Psychologie der menschlichen Beziehungen, 2002

diesem Skript erlauben wir uns manchmal Dinge nicht. Dieses Skript darf aber jede:r jederzeit ändern.

Auf deiner „Du darfst"-Liste kann z.b. folgendes stehen:
Du darfst deine Bedürfnisse äußern.
Du darfst nein sagen.
Du darfst verletzlich sein.
Du darfst traurig oder wütend sein.
Du darfst dich um dich selbst kümmern.
Du darfst dir Hilfe holen.

Auf meinem Schreibtisch steht z.b. ein Aufsteller, auf dem fett draufgedruckt ist:" ICH DARF DAS!" Damit erinnere ich mich immer wieder daran, dass ich alles darf, was ich mir selbst erlaube (natürlich immer im Rahmen der gesetzlichen Gegebenheiten).
Was würde denn auf deiner „Du darfst"-Liste stehen?

5. SELBST-WERTSCHÄTZUNG

Zuallererst möchte ich hier mal eine kurze Begriffsklärung machen: Ich habe bewusst das Wort Selbstwertschätzung für dieses Kapital gewählt. Denn der Sinn steckt im Wort Selbst – Wert –Schätzung. Wie hoch schätzt du deinen eigenen Wert ein?

Ichhabe mal eine großartige Geschichte gehört, die vielfach im Netz kursiert und vielfach kopiert wurde. Aus diesem Grund kann ich den genauen Urheber leider nicht mehr ganz klar nennen kann. Ich dachte es war Ajahn Brahm in dem Buch „Die Kuh, die weinte". Nach intensiver Recherche stellte ich jedoch fest, dass es weder aus dem Buch „Die Kuh, die weinte" noch aus „Der Elefant, der das Glück vergaß" stammte. Vom Erzählstil her passt es zu Ajahn Brahm, aber leider kann ich nicht sicher beweisen, dass diese Geschichte von ihm stammt. Hier nun aber zur Geschichte selbst.

Sie fängt damit an, dass jemand einen Geldschein aus der Tasche zieht. Die Höhe des Geldscheins spielt in diesem Zusammenhang erstmal keine große Rolle. Er zeigt den Geldschein dem herumstehenden Publikum, damit jeder sich davon überzeugen kann, dass es sich um einen echten Geldschein handelt. Er wirft den Geldschein auf den Boden. Dann trampelt er wie wild darauf rum, hebt ihn auf, knüllt ihn, faltet ihn wieder auseinander, zerknüllt ihn wieder, wirft ihn wieder auf den Boden und stampft drauf rum. Nachdem er mit dieser Prozedur fertig ist, hebt er den Geldschein vom Boden auf, zeigt ihn dem umstehenden Publikum und fragt: „Wieviel ist dieser Geldschein denn jetzt noch wert?
Gehen wir mal davon aus, dass es ein 100€ Geldschein gewesen ist. Wieviel ist denn der Geldschein noch wert, nachdem er ihn auf den Boden geworfen hat, drauf rumgetreten ist, ihn zerknüllt hat und alles Mögliche mit diesem Geldschein angestellt hat?
Genau!
Hundert Euro!
Ich finde, dass diese Geschichte eine wunderbare Metapher dafür ist, dass sich dein Wert überhaupt nicht verändert, egal wie andere Menschen mit dir umgehen. Es liegt an dir selbst, welchen Wert du dir gibst. Genau aus diesem Grund heißt dieses Kapitel auch Selbst-Wertgefühl.

Wieviel Wert gibst du dir denn?

Oder anders gefragt. Wieviel Wert schätzt du dich denn selbst?

Ich erwarte jetzt von dir keinen Wert in Euro, Dollar, Yen oder einer anderen Währung. Überlege dir einfach mal: Wieviel Wert gibst du dir denn selbst? Wie hoch schätzt du dich denn selbst?

Hierzu habe ich eine kleine Übung für dich: Setz dich doch einfach mal in einer ruhigen Minute hin und schreib einfach auf, was du an dir schätzt. Keine Idee? Mhm, möchtest du vielleicht wissen, was ich an mir schätze? Ich schätze an mir, dass ich so oft ich es kann versuche ehrlich zu sein. Ich denke, dass Ehrlichkeit die Leute im Endeffekt in ihrer Entwicklung weiterbringt, als wenn sie (oft aus Höflichkeit) angelogen werden. Umgekehrt habe ich das auch ganz gerne, wenn man ehrlich zu mir ist. Ich schätze an mir meine offene Art auf neue Menschen zuzugehen, mir den Menschen und seine Verhaltensweisen anzuschauen - ohne ihn (soweit es mir möglich ist) in irgendwelche Vorurteile-Schubladen reinzustecken. Was ich ganz besonders an mir schätze, ist, dass ich das Kind in mir bewahrt habe und sehr oft albern oder lustig sein kann. Oder beides. Meine große Phantasie hilft mir kreativ zu sein, wodurch sich aus manchen Situationen einfach sehr schöne, lustige, entspannte Momente entwickeln. Ich hoffe diese drei Punkte haben dir vielleicht ein kleines bisschen weitergeholfen bei deiner eigenen Gedanken-Findung dazu, was du an dir selbst schätzt.

So, jetzt bist du dran!

Du hast keine Idee? Überhaupt keine? Glaub ich dir nicht. Und wenn doch, frag doch mal deinen Partner oder deine Partnerin. Oder deinen besten Kumpel oder deine beste Freundin. Da kommt bestimmt was zusammen.

Was schätzt denn dein Partner an dir? Wenn ihr ehrlich und offen darüber sprechen könnt, ist das vielleicht auch ein erster Schritt dazu, wie sich eure Beziehung zueinander verbessern könnte. Denk mal drüber nach und mach das draus, wenn du möchtest. Ich habe mich mal in einer virtuellen Gruppe eine Zeitlang dienstags getroffen und wir haben uns dann immer gesagt, was wir aneinander schätzen. Das war toll. Die Gruppe hieß übrigens „Die Dienstagsleute" wegen des Buchs „Dienstags bei Morrie" von Mitch Albom[12]. Dieses Buch kann ich dir auch sehr empfehlen. Leider gibt es die „Dienstagsleute" in der Form nicht mehr.

---

[12] Albom, Mitch, Dienstags bei Morrie: Die Lehre eines Lebens, 2017

6. ACHTSAMKEIT

Achtsamkeit. Auch so ein Wort, das im Moment in aller Munde ist. Ich bin mir gar nicht so sicher, ob so viele Leute die Bedeutung hinter diesem Wort überhaupt verstehen.
Was verstehst du unter Achtsamkeit?
Also ich verstehe unter Achtsamkeit, dass man Gefühle bewusst wahrnimmt und ihnen dann Be-Achtung schenkt. Man BE-achtet die Gefühle ganz genau, nimmt sie bewusst wahr. Wann hast du denn das letzte Mal bewusst einige Minuten „Auszeit" gehabt und in dieser Zeit BE-wusst wahrgenommen, wie du dich fühlst?
Kannst du, gerade während du diese Zeilen liest in Worten ausdrücken, wie du dich fühlst?

In dem Wort Beachtung steckt die Achtung drin. Tritt deinen Gefühlen mit Achtung gegenüber. Und bewusst. Mit Bewusstsein. Viele von uns leben jeden Tag so vor sich hin und nehmen vieles am Tag gar nicht so wirklich wahr.
Ich hatte mal eine Phase in der ich mich traurig, einsam, unglücklich und unsicher gefühlt habe. In dieser Phase ist mir eine tolle Achtsamkeitsübung über den Weg gelaufen, die ich hier jetzt gerne mit dir teilen möchte.

Man kann diese Übung im Grunde genommen überall machen, wo man einen kleinen Moment Ruhe hat. Ich kann mich noch gut daran erinnern, dass ich diese Übung häufig an einem Bahnhof gemacht habe, weil ich zu dieser Zeit mit der Bahn auf die Arbeit gependelt bin.

Die Übung funktioniert folgendermaßen:
Du stellst oder setzt dich aufrecht hin und legst deine Arme bequem auf den Schoß oder lässt sie locker am Körper herunterhängen.

Jetzt schau dir ganz genau deine Umgebung an, konzentriere dich auf 5 markante Punkte in deiner Umgebung. Die 5 markanten Punkte in meiner Umgebung sind als ich dieses Kapitel schreibe: Der Computer Bildschirm, die blaue Gardine, die Schreibtischlampe, die Kaffeetasse und der Einkaufsgutschein.
Dann schließt du die Augen und konzentrierst dich auf 5 Geräusche in deiner Umgebung. Die 5 Geräusche in meiner Umgebung, die ich zum Beispiel aktuell wahrnehme sind das Bohren in der Nachbarwohnung, der Verkehr auf der Straße, der Computer, der im Hintergrund vor sich hin summt, die Krähen, die vor sich hin krähen und die Schritte der Nachbarn im Hausflur.

Jetzt wird's spannend.
Anschließend konzentrierst du dich auf die nächsten 5 Gefühle, die du spürst. Meine aktuellen 5 Gefühle sind: Ungeduld, weil ich den Schornsteinfeger im Treppenhaus rumlaufen höre und mich frage, wann er denn endlich zu mir kommt.
Das nächste Gefühl ist der Schreck, als es plötzlich an der Tür klingelt.
Das dritte Gefühl ist die Erleichterung, dass er endlich da ist. Das vierte Gefühl? Es ist eine kolossale Genervtheit davon, dass mein Computer leider nicht so arbeitet, wie er es soll und ich an einem Projekt, an dem ich gerade arbeite, nicht weitermachen kann.

Erfreulicherweise habe ich gerade nicht wirklich Zeitdruck, so dass ich das auch noch morgen abschließen kann.
Sei es wie es ist. Ich bin genervt. Ich nehme das Gefühl einfach nur wahr und tue.....nichts.
Nun noch das fünfte Gefühl? Es ist eine tiefe Zufriedenheit. Eine tiefe Zufriedenheit mit dem was ist. Ich bin so zufrieden mit vielem in meinem Leben.
So und jetzt geht das ganze Spiel von vorne los, und zwar konzentriere ich mich auf 4 Dinge, die ich sehe: Ich sehe zum Beispiel die Deko-Schmetterlinge an meiner Wand, das Autokennzeichen, die CDs und den Plüschbären.
Dann konzentriere ich mich auf 4 Geräusche. Ich höre das Flugzeug vorbeifliegen. Ich höre ein Auto vorbeifahren. Ich höre das Geräusch, das ich mache, wenn ich schlucke. Aber darüber hinaus höre ich nichts. Ich höre nur die eigenen Geräusche in meinem Kopf.

Hier ist es gerade wahnsinnig ruhig. Erschreckend ruhig.
So komme ich zu den 4 Gefühlen. Ich nehme gerade diese wohltuende Stille war. Ich atme tief durch und fühle mich ruhig, total ruhig. Ich höre meinen eigenen Atem. Mein Atem geht ruhig ein und aus, ein und aus. Ich spüre diese tiefe Ruhe in mir.
Diese Übung kannst du praktisch jederzeit an jedem Ort machen. Um dich einfach ein klein wenig aus der aktuellen Situation herauszuholen.

Wenn du auf der Arbeit sein solltest, kannst du kurz auf Toilette gehen und die Übung dort machen. Es findet sich im Alltag immer eine Möglichkeit, wo man sich eine kurze Auszeit nehmen kann.
Ich liebe diese Übung. Gerade, weil sie nicht bewertet. Achte bitte darauf, wenn du diese Übung machst, dass du die Geräusche nur wahrnimmst. Dass du sie nicht bewertest, sondern dass du sagst ah, da ist das Flugzeug.

Ah, da ist das Auto ah, da läuft jemand. Da klingelt jemand. Nimm die Geräusche einfach nur wahr. Genauso wie die anderen Sinneseindrücke: Ich sehe den rosafarbenen Schmetterling. Ich sehe das Autonummernschild, ich sehe den Plüschbären. Ich sehe das Straßenschild.

Nur wahrnehmen, benennen, nicht bewerten.

Wenn du diese Übung ein paar Mal gemacht hast, wirst du feststellen, dass sie dich einfach nur kurz im Moment, in der Realität erdet. Zumindest ist das das, was ich bei dieser Übung empfinde und ich praktiziere diese Übung schon seit circa 3 - 4 Jahren.

7. ABGRENZUNGSÜBUNG – GEHÖRT DAS GEFÜHL ZU DIR ODER ZU MIR?

Gerade für mich als hochsensible Person ist es teilweise schwierig zuzuordnen, ob das Gefühl, was ich gerade empfinde, tatsächlich mein eigenes ist oder ob es eine Stimmung, eine Wahrnehmung einer anderen Person ist. Ich reagiere sehr sensibel auf Stimmungen. Empathie-Empfinden ist bei mir sehr stark ausgebildet. Bei hochsensiblen Personen sind unter anderem auch die Spiegelneuronen besser ausgebildet als bei anderen Menschen. Nichtsdestotrotz gibt es auch nicht hochsensible Personen, die gut ausgebildete Spiegelneuronen haben, was dazu führt, dass es zu einer Vermischung von Empfindungen einer anderen Person oder dem eigenen Empfinden kommen kann. Um das Ganze ein bisschen plastischer zu beschreiben: Du kennst doch bestimmt die Situation, wenn du in einen Raum reinkommst und in diesem Raum eine Person ist, die motzig ist, die schlecht gelaunt ist. Wenn deine Laune vorher gut war und du dann diesen Raum betrittst, kann es passieren, dass deine Laune plötzlich schlecht wird.

Dadurch, dass hochsensible Menschen mehr „mitschwingen" als andere, ist es für sie noch wichtiger sich abzugrenzen. Hochsensible Menschen betreten einen Raum und können, je nach Ausprägung der Hochsensibilität, ziemlich detailliert benennen wie sich die Menschen in diesem Raum gerade fühlen.

Aus aktuellem Anlass möchte ich hier noch eine Begriffsklärung einfügen. Ich glaube, solange es Diagnosen gibt, so lange gibt es auch schon Menschen, die sich hinter solchen verstecken mit einer subtilen, manchmal sogar passiv-aggressiven Erwartungshaltung dahinter. Das heißt in diesem konkreten Fall, dass nicht jeder, der von sich behauptet hochsensibel zu sein es auch ist. Ich erlebe in den Foren, in denen ich so unterwegs bin, ab und zu mal genau die oben beschriebenen Menschen.

Hochsensibilität ist eine Gabe. Eine Gabe, die andere Menschen nicht verstehen können, weil sie sie nicht haben. Hochsensible Menschen erkennen sich untereinander. Hochsensible Menschen erkennen auch intuitiv wenn jemand nicht hochsensibel ist. Wobei ich hier einwerfen möchte, dass Hochsensibilität so vielfältig ist wie die Menschen an sich. Leider kommt es häufiger vor, dass Menschen behaupten sie seien hochsensibel, um von ihren Mitmenschen eine Art von „Sonderbehandlung" zu fordern. A la „Ich bin hochsensibel, deswegen darfst du Verhaltensweisen X oder Verhaltensweise Y mir gegenüber nicht ausführen." Das hat mit Hochsensibilität nichts zu tun, das ist klassische Manipulation.

Man kann dieses Verhalten klassisches „Opferspiel" nennen. Ich möchte hier gerne aus dem Buch „Schluss mit den Spielchen" von Renate und Ulrich Dehner zitieren[13]: „Ich brauche eigentlich nur dafür zu sorgen, dass mein Partner alle meine Empfindlichkeiten kennt, dann muss er bloß darauf achten und wir brauchen nie mehr zu spielen! Das ist sehr schön gedacht, aber nur die Hälfte des Weges! Die andere Hälfte ist, an sich selbst zu arbeiten, sodass man mehr und mehr darauf verzichten kann, Spielangebote zu machen oder zu akzeptieren. Denn psychologische Spiele bringen keineswegs eine irgendwie geartete ‚Würze' in die Beziehung, wie wir das manchmal hören. Mag sein, dass es Menschen gibt, die Streit lieben und ihn auch in der Partnerschaft brauchen, psychologische Spiele aber sind immer destruktiv und hinterlassen schlechte Gefühle! Das kann für eine gleichwertige Partnerschaft einfach nicht förderlich sein."
Das Leben als hochsensibler Mensch ist wesentlich anstrengender als das weniger sensibler Menschen. Allerdings stehe ich – genauso wie die Dehners - auf dem Standpunkt, dass ich mein Verhalten anpassen darf, wenn mir etwas zu viel wird.

Der Dalai Lama sagt: "Lasse das Verhalten anderer nicht deinen inneren Frieden stören."[14] Ich habe diesen Satz lange Zeit nicht verstanden. Mittlerweile verstehe ich ihn als Aufforderung mein Verhalten zu ändern, wenn es nötig ist. Ich versuche so gut es geht mich nicht durch das Verhalten anderer oder deren Stimmung in meinem inneren Frieden stören zu lassen.
Wie kannst du das für dich anwenden?
Du betrittst einen Raum, in dem du eine für dich unangenehme Stimmung wahrnimmst, nimmst diese aber nicht auf. Das gefällt der anderen Person meistens nicht. Die Kunst besteht nun darin dem Anderen seine Stimmungen, Spannungen und Emotionen zu lassen und auch die eigenen zu behalten.
Wenn es die Situation erfordert, darfst du zuhören, trösten, helfen. Aber wenn die Situation vorbei ist, darfst du wieder zu deinem positiven Gefühl zurückkehren.

---

[13] Dehner, Renate & Ulrich, Schluss mit diesen Spielchen!: Manipulationen im Alltag erkennen und wirksam dagegen vorgehen, 2007, S. 129
[14] Dalai Lama (2022)

Dazu hilft eine ganz einfache Übung: Die Stoppschild-Übung. Diese Übung findet komplett in deinem Kopf statt, deswegen kannst du sie jederzeit und überall machen. Du hältst einfach in Gedanken ein großes Stopp-Schild hoch. Dann stellst du dich gedanklich hinter das Schild und dir hinter dem Schild die Frage: wie habe ich mich gefühlt, BEVOR ich auf diese Person getroffen bin?

Tataaaaa, und da haben wir die Lösung. Wenn du dich vorher entspannt, lustig oder fröhlich gefühlt hast und es jetzt nicht mehr tust, haben deine neuen Gefühle definitiv mit dieser Person zu tun. Ob diese Person sie in dir ausgelöst haben oder ob du sie von ihr übernommen hast, gilt es im Einzelfall herauszufinden. Das, was da körperlich passiert, kannst du auch auf den seelischen Bereich übertragen. Ich habe mal in diesem Kontext mit jemandem über das Thema „Verzeihen" gesprochen. Diese Person sagte mir, dass sie nicht in der Lage ist, ihrem Partner eine bestimmte Sache zu verzeihen. Verzeihen bedeutet nicht, dass man deswegen automatisch das Verhalten des anderen gutheißt. Es bedeutet, dass man selbst seinen Frieden mit dieser Situation geschlossen hat.

Es bringt dir persönlich nichts, wenn du nachtragend bist, wenn du jemandem etwas grollst und ihm jahrelang eine Situation nachträgst, die vielleicht nur ein einziges Mal passiert ist. Schau dir auch hier mal die Worte genau an: DU trägst etwas jemandem NACH. Warum solltest du das denn tun? Es ist doch seins. Lass es einfach da, wo es hingehört. Bei ihm (oder ihr).
Ich kenne Menschen, bei denen hat ein Wort oder ein Satz gereicht, den sie anderen jahrelang nachgetragen haben. Gut, ich muss dazu sagen, dass ich für meinen Teil mich nicht erinnern kann, jemals ein besonders nachtragender Mensch gewesen zu sein und bin es, denke ich, heute auch noch nicht. Von daher fehlt mir ein klein wenig das Verständnis dafür, wenn jemand sagt: "Ich bin nachtragend." Allerdings hat jeder Mensch das Recht dazu nachtragend zu sein. Nur was bringt's dir denn? Was ist denn dein positiver Effekt davon, dass du jemandem etwas nachträgst?
Dazu fällt mir eine kleine Geschichte ein, die ich mit meinem ersten Mann erlebt habe. Wir hatten damals sozusagen ein Trennungsgespräch. In diesem Gespräch sagte er mir, dass er sich noch an eine Situation erinnern konnte, die zu diesem Zeitpunkt 4 Jahre zurücklag und dass er in dieser Situation mir gegenüber anders hätte reagieren sollen. Ich schaute ihn daraufhin an und sagte:" Es tut mir leid, dass du diese Situation so lange mit dir herumgetragen hast."

Ich hatte diese Situation zu dem Zeitpunkt längst vergessen und wusste nicht mehr, worum es damals ging. Ich riet ihm:" Versuche die Situation loszulassen. Du hast damals so reagiert, wie du reagiert hast. Mittlerweile siehst du dein damaliges Verhalten als Fehler an. Du kannst es nur beim nächsten Mal besser machen." Die Situation aus der Vergangenheit zurückholen und ändern ist leider nicht mehr möglich. So viel nur als kleine Trivia am Rande.
Nun wieder zurück zum eigentlichen Thema, und zwar der Abgrenzung. In der Regel weiß jeder Mensch ohnehin selbst ganz gut, was gut für ihn ist und was nicht.

Zumindest Menschen in meinem Alter. Ich denke so um die 40 solltest du schon genug Lebenserfahrung gesammelt haben um entscheiden zu können, ob das eine gut und das andere vielleicht weniger gut für dich ist. Wobei auch hier wieder Ausnahmen die Regel bestätigen. Manche Leute machen die Erfahrung, dass es nicht gut für sie ist, wenn sie im Winter ohne Mütze rausgehen. Diese Menschen sollten im Winter immer eine Mütze tragen. Ob sie das dann wirklich tun steht noch mal auf nem anderen Blatt.

Nun gibt es eine Reihe von Menschen, die der Ansicht sind, sie könnten entscheiden, was gut für dich ist oder was nicht gut für dich ist. Ich kann dir dazu ein kleines Geheimnis verraten: Die Leute haben oft absolut keine Ahnung. Können sie auch nicht haben.
Ausnahmen bestätigen hier allerdings die Regel.

Manchmal gehen Menschen her und übertragen ihre eigenen Gefühle und Ansichten einfach auf dich. Das nennt man dann Projektion.
Wie soll denn jemand außerhalb deines Körpers beurteilen können, was gut oder nicht gut für dich ist? Okay, Wissenschaftler haben ein paar Dinge herausgefunden, die ganz nützlich sind, aber auch bei diesen wissenschaftlichen Studien gibt es Ausnahmen, die auf dich persönlich nicht zutreffen.

Darüber hinaus ist „die Wissenschaft" immer auf dem Stand des aktuellen Irrtums, d.h. das, was heute z.B. als gesund gilt, weil es wissenschaftlich erforscht wurde, war vor 100 Jahren noch etwas komplett anderes und wird in 100 Jahren wieder etwas anderes sein. Wobei ich hier einschränkend einwenden muss, dass ich das teilweise im Vorfeld auch nicht weiß. Manche Dinge hab ich halt einfach auch noch nicht gemacht. Manchmal denke ich darüber nach, was schlimmstenfalls passieren könnte – der sogenannte Worst Case. Wenn dieser Worst Case sich in meinem Kopf erträglich anfühlt, dann mache ich es einfach.

Ich habe zum Beispiel Erfahrungen damit gesammelt, wie es ist, barfuß zu gehen. Dann hab ich irgendwann das barfuß Joggen angefangen. Das mache ich jetzt immer noch. Ich habe da auch einen Coach, von dem ich mir ab und zu Tipps hole. Allerdings sagt er auch, dass die Entwicklung eines jeden anders ist. Er hat mir nur ein paar generelle Tipps aus seiner langjährigen Erfahrung gegeben. Mit den entsprechenden Erklärungen dazu. Auszuprobieren und Erfahrungen sammeln musste ich dann selbst. Diese Erfahrungen gingen bisher von total intensiv, schön, bewusst oder natürlich, über die unterschiedlichen Wahrnehmungen der Untergründe bei Regen, Schnee oder Sonnenschein und den verschiedenen Böden zu ich fühlte mich im wahrsten Sinne des Wortes geerdet.

Natürlich ist es auch ab und zu schmerzhaft. Auch die ein oder andere Blessur hab ich schon davongetragen. Das sind aber alles Dinge, die zum Entwicklungsprozess dazu gehören. Dabei spielt es keine Rolle, ob du dich zum Barfuß-Läufer entwickelst oder dich sonst irgendwie anders in deinem Leben weiterentwickelst. Weiterentwicklung kommt ohne Schmerz nicht aus.

Wenn mir dann Leute auf der Straße, die mich barfuß laufen sehen Tipps geben wollen, heißt das ja nicht, dass sie es böse meinen. Sie sind in der Regel tatsächlich besorgt um meine Gesundheit. Im letzten Winter meinte eine Frau, ich solle aufpassen, dass ich mir keine Erkältung hole. Woraufhin ich meinte, dass ich schon weiß, was ich da tue und das nicht erst seit gestern mache. Meine tatsächlich letzte Erkältung ist schon eine Zeitlang her. Daraus entwickelte sich ein echt interessantes Gespräch.

Jeder Mensch darf seine Erfahrungen selbst sammeln und darf sich in jeder Situation von einem anderen Menschen abgrenzen und sagen: OK, du bist der Ansicht, dass du ähnliche Erfahrungen gemacht hast und möchtest deine Erfahrungen mit mir teilen. Trotz allem möchte ich gerne meine Erfahrungen selbst machen. Vielleicht wird sie ganz anders als deine.

Ich tausche mich zwar auch mit anderen Barfußläufern aus. Trotzdem muss ich selbst laufen, selbst mit Verletzungen klarkommen und so weiter und so fort.
Zusammenfassend darfst du dir gerne in jeder Situation, die dir widerfährt, in der du mit anderen Menschen zusammen bist, die Frage stellen: Dieses Gefühl, was ich hier gerade habe. Gehört das zu mir oder gehört es zu dir?

Noch einmal heruntergebrochen auf eine Liebesbeziehung beispielsweise: Nur weil dein Partner/deine Partnerin ein Gefühl hat, darfst du durchaus ein anderes Gefühl haben.

Die Kunst hier besteht darin, es

1. zu erkennen, dass ihr unterschiedliche Gefühle habt, diese
2. zu benennen und anschließend für beide positiv zu handeln.

Wenn ihr das schafft, habt ihr einen sauberen Kompromiss gefunden. Der saubere Kompromiss unterscheidet sich zum faulen Kompromiss darin, dass beide Parteien positiv aus der Situation heraus gehen und nicht einer etwas „dem anderen zu Liebe tut".

8. EMOTIONSMANAGEMENT - GEDANKENSTEUERUNG - THE WORK UND DAS „WAS WÄRE WENN-SPIEL"

In diesem Kapitel greife ich explizit auf ein Buch zurück, das ich vor kurzem mal wieder als Hörbuch gehört und durchgearbeitet habe und dessen 4 Fragen immer noch in meinem Büro an der Wand hängen. Als Gedankenstütze dazu, wie ich selbst meine eigenen Gedanken beeinflussen und ändern kann. In diesem Kapitel geht es um „The Work" von Byron Katie[15]. Ich kann dir dieses Buch nur sehr ans Herz legen. Denn wenn du es richtig durcharbeitest und den Sinn dahinter verstehst, wird es eine ganze Menge in deinem Leben verändern können. Die Beispiele, die Byron Katie in ihrem Buch bringt, sind drastisch und teilweise wirklich dramatisch und spektakulär. Byron Katie stellt immer wieder die gleichen Fragen. Die 4 Fragen in diesem Buch lauten:

1. Ist das wahr?
2. Kannst du mit absoluter Sicherheit wissen, dass das wahr ist?
3. Was passiert, wenn du diesen Gedanken glaubst?
4. Wer wärst du ohne diesen Gedanken?

Im Grunde genommen erklärt Byron Katie in diesem Buch lediglich, dass das, was du denkst, nicht zwingend die einzige Wahrheit über eine Situation sein muss. Im Gegenteil: In der Regel ist das, was du über eine Situation denkst, nur eine von vielen Sichtweisen. Eine Situation an sich ist erstmal neutral. Emotional wird die Situation erst durch unsere Bewertung.

Was mir unter anderem an diesem Buch sehr gut gefallen hat, war die Umkehrung der Gedanken, die du denkst. Deine Gedanken haben nur mit dir alleine zu tun. Sie haben nie etwas mit dem anderen zu tun. In meinen Coaching-Gesprächen passiert oft folgender Dialog: Klient:in: Weil er x oder y getan hat, habe ich y oder z getan. (Die Buchstaben dienen hier als Platzhalter für diverse Situationen, z.B. weil meine Freundin gesagt hat, dass sie über ihren Geburtstag irgendwo sein möchte, wo es sonnig ist, bin ich mit ihr nach Teneriffa geflogen. Oder, etwas weniger harmlos: Weil mir mein Partner versprochen hat, dass er sich mit mir die Hausarbeit teilt, bin ich mit ihm zusammengezogen.)

---

[15] Katie, Byron / Mitchell, Stephen, Lieben was ist. Wie vier Fragen Ihr Leben verändern können, 2002

Ich rate meinen Klient:innen in diesem Fall einfach mal die zweite Person außen vor zu lassen. Wie hätte sie reagiert, wenn er nicht da gewesen wäre? (Wäre sie mit ihm zusammengezogen, wenn er nicht gesagt hätte, dass er sich mit ihr die Hausarbeit teil?) Diese Gedankenspiele sind am sinnvollsten BEVOR du eine Entscheidung triffst: Wie würdest du handeln, wenn es deinen Partner nicht gäbe? An der Antwort auf die Frage erkennst du gut wie weit du deine Entscheidungen von deinem Partner/ deiner Partnerin abhängig machst. Da gibt es noch ein weiteres Gedankenspiel, das mir total gut gefällt und zwar ist das das Spiel "Was wäre wenn?" Ich kann dir gar nicht mehr so genau sagen, wo ich dieses Spiel herhabe. Ich glaube, es kommt aus irgendeinem Buch, das ich vor Jahren einmal gelesen habe und in darin stand ungefähr folgendes: Stell dir doch mal für einen Tag vor, du wärst eine Schauspielerin und du könntest in jede Rolle schlüpfen, die dir gefällt. Also darfst du für einen Tag die Rolle der Diva spielen. Du darfst für einen Tag die Rolle der verzogenen Zicke spielen.

Du darfst für einen Tag jede Rolle spielen, die du möchtest. Du darfst dir auch für einen Tag oder z.b. nur 14 Minuten vorstellen, dass du irgendwas kannst, was du dir vorher nicht zugetraut hättest. Du bist der Regisseur oder die Regisseurin dieser Situation. Du entscheidest, was du tust und wie lange es dauert. Wenn du dich wohl fühlst in deiner neuen Rolle kannst du sie so lange spielen, wie du möchtest.

Ich hatte vor kurzem ein Erlebnis mit einer Person, die, während sie etwas erfolgreich durchführte die ganze Zeit vor sich hin fluchte:" Ich kann das nicht. Ich kann das nicht. Ich kann das nicht." Dabei zeigte sie gerade in der Situation, dass sie das, was sie da laut ihren Worten gar nicht konnte, doch tat. Was das genau war, weiß ich nicht mehr. Das spielt aber auch keine große Rolle. Es passt auf viele Ereignisse. Dazu fällt mir eine meiner Lieblingssprüche von Pippi Langstrumpf ein, der mir vor kurzem wieder durch Zufall über den Weg gelaufen ist. Der lautet: "Ich habe es noch nie vorher getan. Aus diesem Grund bin ich felsenfest davon überzeugt, dass ich das schaffe." Warum sollte sie auch scheitern? Auch wenn Pippi Langstrumpf nur eine Romanfigur von Astrid Lindgren ist, so steckt dennoch in ihren Geschichten sehr, sehr viel Wahrheit.

Jeder von uns steckt schon mal in einer Situation, vor der er Angst hat. Wie wäre es denn, wenn du bei der nächsten Situation, vor der du Angst hast, dich einfach mal in Pippi Langstrumpf hineinversetzt und dir sagst:

"Ich habe das noch nie vorher getan, also bin ich felsenfest davon überzeugt, dass ich das schaffe."

PS: Pippi hat diesen Ausspruch getätigt, bevor sie ihre Flugmaschine gebaut hat und Tommy sie gefragt hat, ob sie sich denn sicher sei, dass sie fliegen könnte.

Du sollst jetzt aber nicht rausgehen und versuchen, ob du fliegen kannst. Zumindest nicht ohne Flugzeug oder Fallschirm. Ich kann dir aus Erfahrung sagen das geht schief. Pippi ist auch nur eine Romanfigur.... nicht vergessen.

Aber die Autorin dieser Romanfigur hat auch gesagt: "Sei frei und wild und wunderbar." Was genau hält dich im jetzigen Moment davon ab mal kurz, frei und wild und wunderbar zu sein?

Eine Antwort auf diese Frage kann sein......

9. DIE BEZIEHUNGSBEDÜRFNISSE UND WAS PASSIERT, WENN DU SIE NICHT ERFÜLLST

Die 8 Beziehungsbedürfnisse (Richard Erskine)[16]
1. Beziehungsbedürfnis: Sicherheit
sich körperlich und emotional in der Beziehung sicher aufgehoben zu fühlen
2. Beziehungsbedürfnis: Wertschätzung
sich mit seinen Gefühlen, Empfindungen, Realitätswahrnehmung verstanden, ernstgenommen und bedeutsam fühlen
3. Beziehungsbedürfnis: Schutz und Akzeptanz
Schutz, Ermutigung und Orientierung erhalten
4. Beziehungsbedürfnis: Bestätigung persönlicher Erfahrungen
erfahren, dass eigene Erfahrungen von anderen geteilt oder nachvollzogen werden
5. Beziehungsbedürfnis: Einzigartigkeit, Selbstdefinition
die persönliche Einmaligkeit bestätigt erhalten
6. Beziehungsbedürfnis: Einflussnahme, Selbstwirksamkeit
bei anderen etwas auslösen und bewirken können
7. Beziehungsbedürfnis: Aktiviert werden
erleben, dass andere auf einem zukommen, von sich aus aktiv werden und Anregung vermitteln
8. Beziehungsbedürfnis: Liebe, Zuneigung ausdrücken
anderen Liebe zeigen (durch Fürsorge, Dankbarkeit, Wertschätzung, Handlung)

Mit diesen 8 Beziehungsbedürfnissen werden wir alle im Laufe unseres Lebens konfrontiert. Es kann durchaus passieren, dass eines oder auch mehrere davon verletzt werden. Wenn dies in unserer Kindheit passiert, z.B. durch unsere Eltern oder andere Erziehungsberechtigte hat dies weitreichende Auswirkung auf unser Leben im Erwachsenenalter.

Allerdings merken wir diese Auswirkungen selbst oft nicht direkt. Sie zeigen sich durch diverse „Erscheinungsformen" wie z.B. das sog. Helfersyndrom. Manche Menschen überschütten andere mit Zuwendung, Geschenken, Hilfsbereitschaft, ungefragten Ratschlägen, etc. Dies kann manchmal daher rühren, dass in ihrer Kindheit das Bedürfnis nach Einmaligkeit wiederholt verletzt wurde.

---

[16] Nierlich, Christin / Bolliger Jürg, Diese 8 Beziehungsbedürfnisse wollen gestillt werden (2022)

Diese Person gibt und gibt und gibt also. Sie opfert sich für andere auf. Mit dem Ergebnis, dass meistens beide unglücklich sind. Die Person die zu viel gibt ist am Ende des Tages erschöpft und energielos, weil sie so viel gegeben hat und die Person, der zu viel gegeben wurde, ist erschöpft, weil sie sich gegen diese Menge an Zuwendung wehren muss ohne der Person, die zuwendet, zu sehr weh zu tun.

Die Zusammenhänge zwischen den einzelnen Beziehungsbedürfnissen und welche wie kompensiert wird ist mal leichter, mal schwerer zu erkennen.

Ein einfaches Beispiel ist ein Mensch, dessen Bedürfnis nach Sicherheit verletzt wurde eine Versicherung nach der anderen abschließt oder immer sehr vorsichtig an alle Vorhaben heran geht. Jede Eventualität wird im Vorfeld überdacht und jegliches Risiko versucht auszuschließen. Ein Leben ohne Risiko ist kein Leben. Wir müssen immer irgendwelche Risiken eingehen. Ein zu viel des Guten an Fürsorge, Hilfsbereitschaft und Pflege kann beim anderen das Gefühl der „Überbemutterung" auslösen.

Es ist auch hier wie bei vielem anderen: die Dosis macht das Gift.

Mir hat es sehr geholfen um zu verstehen, warum ich als Erwachsene wie agiere und dass manche meiner Verhaltensweisen auf wiederkehrenden Situationen in meiner Kindheit beruhen. So konnte ich als Erwachsene sozusagen das Pferd von hinten aufzäumen und das Verhalten langsam, Stück für Stück, ändern.

Manche Verhaltensweisen, die wir als Erwachsene an den Tag legen, wirken mittlerweile überzogen. In der Kindheit hatten sie ihre Berechtigung, aber mittlerweile brauchen wir sie nicht mehr. Allerdings braucht es einen Moment, das zu verstehen und dann noch einen weiteren Moment diese Verhaltensweisen dauerhaft zu ändern.

Die Krux an der Geschichte mit den Beziehungsbedürfnissen ist nun aber, dass es Bedürfnisse sind, die du nicht selbst erfüllen kannst. Das heißt, es benötigt eine andere Person, um diese Bedürfnisse zu erfüllen.

Das klingt jetzt vielleicht ein kleines bisschen seltsam, aber es gibt durchaus Bedürfnisse, die du selbst erfüllen kannst, und ich spreche hier nicht vom sexuellen Bereich. Hier noch mal der Verweis auf „Die Solospiele" von Renate und Ulrich Dehner.[17]

Im sexuellen Bereich ist es allerdings auch so. Manche Dinge kannst du ganz alleine mit dir selbst machen und dich damit befriedigen, aber zu manchen braucht es halt mindestens eine zweite Person.

Ebenso ist es mit den Beziehungsbedürfnissen. Deshalb heißen sie so.

Das Ganze mal erklärt am bei an meinem Lieblingsbeispiel, dem Beziehungsbedürfnis Nummer 6, das Bedürfnis nach Einflussnahme oder das Bedürfnis, danach etwas zu bewirken. Dieses Bedürfnis ist bei mir sehr stark ausgeprägt. Allerdings kann ich dieses Bedürfnis nicht ausleben, wenn ich irgendwo alleine hocke und vor mich hinplappere.

Okay. Wenn ich mich zum Beispiel an den Frankfurter Hauptbahnhof setze und da einen Monolog führe, kann das schon was bewirken. Und zwar, dass man mich entweder für ne Pennerin hält oder dass vielleicht der eine oder andere die Polizei oder den Krankenwagen ruft, um mich in die nächstgelegene Psychiatrie einliefern zu lassen. Aber dass ich vielleicht einen Menschen zum Nachdenken anrege mit dem, was ich da sage, wird wohl eher nicht passieren. Das ist ja genau der Sinn der Sache. Ich möchte Menschen zum nach- und im besten Fall zum um-denken bewegen.

Das ist der Grund, warum ich dieses Buch geschrieben habe. Wenn ich mit diesem Buch auch nur einen Menschen dazu motivieren kann, ein wenig umzudenken, ist mein Bedürfnis nach Einflussnahme erfüllt worden.

Nun erlebe ich es häufig, dass teilweise ein komplettes Beziehungsbedürfnis Bündel auf den anderen Partner übertragen wird und mehr oder weniger der Partner die Verantwortung dafür bekommt dieses Bündel zu tragen.

Was kannst du nun also unternehmen, wenn du festgestellt hast, dass das ein oder andere Beziehungsbedürfnis nicht erfüllt wird?

---

[17] Dehner, Renate & Ulrich, Schluss mit diesen Spielchen!: Manipulationen im Alltag erkennen und wirksam dagegen vorgehen, 2007, S. 187 ff.

Du kannst entweder über deinen Partner schimpfen und ihn dafür kritisieren, dass er irgendwas nicht tut, was er aber - deiner Meinung nach - aber tun sollte.

ODER: Du kümmerst dich um eine Alternative, mit der dein Beziehungsbedürfnis dann doch befriedigt wird.

Klingt ein bissl sperrig, deshalb versuche ich es mal so zu erklären:

Nehmen wir dazu mal Beziehungsbedürfnis Nummer 7: das Bedürfnis danach aktiviert zu werden.

Ich mache das einfach mal konkret am Beispiel Tennis spielen fest. Was machst du denn, wenn du leidenschaftlicher Tennisspieler bist, deine Frau aber mit Tennisspielen so absolut nichts anfangen kann? In der Regel hat man dann irgendwelche Freunde, die sich genauso fürs Tennisspielen interessieren wie man selbst und die einen dann zum Tennis spielen animieren. Schwierig wird das Ganze dann, wenn du passionierter Tennisspieler bist, deine Frau mit Tennis spielen so absolut nichts am Hut hat und dann von dir erwartet, dass du gefälligst dein Hobby ihretwegen aufgibst. Solche Fälle kenne ich durchaus aus meiner Praxis.

Wenn du in einer solchen Beziehung steckst und gerne wieder Tennis spielen möchtest (Tennis spielen steht hier übrigens nur als Synonym für ganz vieles anderes), ruf mich an oder fülle meinen Kontaktbogen aus. Dann schauen wir uns das Dilemma gemeinsam an und ich schaue, ob wir da einen Weg für dich rausfinden.

Apropos Dilemma....Dilemma ist genau das Stichwort. Es gibt eine ganze Reihe von Dilemmas, die aufgrund nicht erfüllter Beziehungsbedürfnisse und damit zusammenhängenden kompensatorischen Beziehungsbedürfnissen einhergehen. Dies führt hier allerdings zu weit. Apropos Dilemma zum Zweiten. Dann finden wir hier gerade an dieser Stelle den Übergang zum nächsten Dilemma. Und zwar zum Dilemma mit der Liebe.

Im nächsten Kapitel geht es nämlich um...

10. DIE LIEBE – DER MYTHOS – DAS DILEMMA

Uiuiui, es dreht sich so vieles um die Liebe. Wenn man den Fernseher anschaltet oder ins Internet geht, findet man Liebe wohin man schaut. Okay, manchmal auch in der Fußgängerzone. „Alle 11 Minuten verliebt sich ein Single auf Parship"… und dann? Ich frage mich bei der Werbung ja immer, wie viele von den Menschen, die sich da alle 11 Minuten auf Parship verlieben heute noch zusammen sind. In meinem Kopf hört sich der Slogan umgedreht so an: „Alle 3 Jahre landen Paare beim Therapeuten oder Scheidungsanwalt, weil sich eine/r der beiden nach 11 Minuten neu verliebt hat."

Apropos, ich habe dazu eine Aussage bekommen von einem Paartherapeuten-Kollegen, die ich mit dir teilen möchte. Sinngemäß sagte er, dass Langzeitpaare oft erst 5 Jahre nachdem man viele Dinge im Keim ersticken oder im Vorfeld verhindern hätte können zu ihm kommen.

Diese Erfahrung mache ich auch öfter. Wir möchten uns ungern Hilfe holen. Dann lassen wir (tendenziell eher Männer als Frauen) lieber die Karre gegen die Wand fahren als vorher mal zum Mechaniker zu gehen und ihm zu sagen, dass die Bremsen nicht mehr richtig funktionieren. Das jetzt mal im übertragenen Sinne gesprochen. Wobei sich auch hier gerade einiges wandelt. Da muss ich ja sagen, mag ich die Einstellung der Amerikaner sehr: die gehen einfach mal zum Therapeuten, weil es schick ist.

Der Deutsche oder die Deutsche an sich geht nicht zum Therapeuten, weil sie ja kein Problem haben. Sich Hilfe holen steht leider immer noch im Synonym mit „sich-Schwäche-eingestehen-müssen". Ist aber gar nicht so.

Ich habe immer etwas mitgenommen aus den Gesprächen mit Therapeuten oder Coaches. Du musst ja niemandem erzählen, dass du dir Hilfe holst. Das schlimmste, was passieren kann ist, dass es dich weiter bringt im Leben.

So, nun aber zurück zur Liebe und damit verbunden zu einem der Klassiker: der Valentinstag. Jedes Jahr wieder. Jedes Jahr aufs Neue gibt es wenige Tage, die mit so vielen Erwartungen verknüpft sind und an denen so viele Menschen so enttäuscht sein können. Manche sind enttäuscht, weil die große Liebe immer noch nicht aufgetaucht ist. Die müsste doch schon längst mal an der Haustür geklingelt haben. Sie waren doch die ganze Zeit zu Hause.

Andere sind enttäuscht, weil der Partner nicht den erhofften Cartier-Ring, die Manolo Blahniks, das Gucci-Kleidchen oder den Heiratsantrag parat hatte. Oder im schlimmsten Fall diesen Tag schlicht und ergreifend vergessen hat. So als würde es etwas an den Gefühlen zueinander ändern.

Der geneigte Leser oder die geneigte Leserin wird sicher meine Einstellung zu diesem Tag schon erahnen können. Ein Tag wie jeder andere. Ich hatte mal einen Partner, mit dem hab ich an diesem Tag Mett-Brötchen gegessen. Fragt mich nicht mehr, warum. Hat sich irgendwann so ergeben und dann ritualisiert. Mittlerweile esse ich immer noch Mett-Brötchen. Aber jetzt immer dann, wenn ich Lust draufhabe.

<u>Fun Fact zu St. Valentin:</u> „Es gibt jedoch Hinweise, dass die Leidensgeschichte des Heiligen und sogar dessen Existenz erfunden wurden."[18]

So, dann lasst uns noch ein bisschen weiter nach hinten ins Jahr gehen: Weihnachten! Das Fest der Liebe! Ich glaube, zu Weihnachten hat auch jeder seine eigene Geschichte.
Durch die Medien und die Gesellschaft wird uns häufig suggeriert, dass es total wichtig ist Zeit mit bestimmten Menschen an Weihnachten zu verbringen und dass man total friedlich und liebevoll zusammen sein muss.

Manchmal klappt das ja auch, aber in den meisten Fällen, die mir bekannt sind, ist Weihnachten irgendwie Stress. Aus den oben genannten Gründen. Manche Menschen tun Dinge, die sie eigentlich nicht tun wollen. Nur weil Weihnachten ist. Es wird so viel damit gerechtfertigt, dass man sagt:" Weil Weihnachten ist."
Wenn man den Medien und dem allen Glauben schenken würde, müsste die Welt an Weihnachten stehen bleiben und die Welt voller Liebe sein.

Und? Ist es so? Ähm, nein! Da ich nicht das Maß aller Dinge bin, kann ich hier nur ein paar Geschichten beitragen. Du hast bestimmt auch noch deine eigenen. Also: ich kenne eine Geschichte von einem Mann, der Heilig Abend lieber mit seiner Geliebten verbracht hat als mit der

---

[18] nach Wikipedia ... („Valentinstag", 2022)

Ehefrau und dem Sohn zu Hause. Dann einige Familien, die wegen falscher Weihnachtsgeschenke, dem falschen Essen und überzogenen Erwartungshaltungen in Streit geraten sind - "alle Jahre wieder".

Oft ist Weihnachten auch eine Pflichtveranstaltung: damit die einen Eltern nicht beleidigt sind, fährt oder fliegt das Paar durch die halbe Republik, um erst die einen und dann die anderen Eltern besuchen zu können. Danach brauchen sie erst mal ein paar freie Tage zur Erholung.

Dann gibt es da die Menschen, die sich einfach mit Menschen treffen, die sie lieb haben und eine gute Zeit mit diesen verbringen. Zeit mit jemand anderem zu verbringen ist doch eines der größten Geschenke, die man jemandem machen kann, oder?
Tja, das sieht nicht jeder so wie ich.

Aber das macht nix. Jeder darf ja seine Meinung haben.
Ich glaube manche Menschen mögen Hollywood-Schnulzen so gerne, weil sie halt Film sind, Fiktion, das Gegenteil von Realität.
Meine Eltern haben mir früher schon immer gesagt: Kind, glaub nicht alles, was du im Fernsehen siehst.
Recht hatten sie.

Einer dieser Hollywood-Schnulzen, die ich persönlich sehr gerne mag und schon ca. 50-mal gesehen habe, ist Bodyguard[19]. Jetzt sagen einige: das ist aber gar kein Liebesfilm. Ähm, doch! Allerdings ohne Happy End.

So wie das wahre Leben auch. Das hat auch oft kein Happy End.
Franks und Rachels Lebensstile sind halt so unterschiedlich, dass es nicht möglich ist eine Beziehung zu führen. Die Liebe zwischen den beiden, oder vielleicht auch eher die Verliebtheit, sexuelle Anziehung und andere Gefühle, sind im Film durchaus sicht- und spürbar.
Am Ende entscheiden sie sich dafür ihr Leben nicht zusammen zu verbringen, weil es aus ihrer Perspektive einfach nicht geht. Genau aus dem Grund werden die Gefühle füreinander wahrscheinlich so konserviert. Deshalb ja auch am Ende das schnulzige „I will always love you".

Rachel musste sich nie damit auseinandersetzen, dass Frank die Zahnpastatube oder den Klodeckel ständig offenlässt. Wenn doch, könnte sie ihm befehlen das zu lassen. Schließlich war er ihr Bodyguard.

---

[19] Jackson, Mick: The Bodyguard, 1992

Ich merke das bei mir selbst. Ich sehe meinen Partner vergleichsweise häufig. Dadurch hat sich, glaube ich, unsere Verliebtheit recht schnell „abgebaut". Ich freue mich immer noch ihn zu sehen und ich glaube, er mich auch. Wenn ich das allerdings mit früheren Beziehungen vergleiche, in denen ich Fernbeziehungen hatte und man sich manchmal wochenlang nicht gesehen hat, ist das halt was anderes. Da gab es halt mehr Sehnsucht und Vermissen. Ich konnte mehr Zeit damit verbringen darüber nachzudenken, was ich mit dem anderen jetzt tun würde, wenn er jetzt da wäre. Da er aber im Moment vergleichsweise häufig mit mir Zeit verbringt, fällt das für mich erstmal weg.

Aber es hat alles seine Qualität, das Eine wie das Andere.
Jetzt gibt es unterschiedliche Mythen über die Liebe in Paarbeziehungen.

Aber vorab, was ist denn Liebe überhaupt?
Liebe[20] (über mittelhochdeutsch liep, „Gutes, Angenehmes, Wertes" von indogermanisch *leubh- gern, lieb haben, begehren) ist eine Bezeichnung für stärkste Zuneigung und Wertschätzung.
Nach engerem und verbreitetem Verständnis ist Liebe ein starkes Gefühl, mit der Haltung inniger und tiefer Verbundenheit zu einer Person (oder Personengruppe), die den Zweck oder den Nutzen einer zwischenmenschlichen Beziehung übersteigt und sich in der Regel durch eine entgegenkommende tätige Zuwendung zum anderen ausdrückt.
Das Gefühl der Liebe kann unabhängig davon entstehen, ob es erwidert wird oder nicht. Hierbei wird zunächst nicht unterschieden, ob es sich um eine tiefe Zuneigung innerhalb eines Familienverbundes (Elternliebe, Geschwisterliebe) oder um eine Geistesverwandtschaft handelt (Freundesliebe, Partnerschaft) oder aber um ein körperliches Begehren gegenüber einem anderen Menschen (Eros). Dieses Begehren ist als körperliche Liebe eng mit der Sexualität verbunden, die jedoch nicht unbedingt auch ausgelebt zu werden braucht (vgl. platonische Liebe).

Dieser Auszug ist ein aktueller Wikipedia-Eintrag. Man kann über Wikipedia denken, was man will, aber wenn ich diesen Auszug vor 20 Jahren schon mal so gelesen hätte, wäre mir vielleicht die ein oder andere Erfahrung erspart geblieben. Wikipedia war vor 20 Jahren gerade mal ein Jahr alt und enthielt diese Informationen, die ich euch hier oben niedergeschrieben habe, wahrscheinlich so noch nicht.
Ich habe in meinem Leben die großartige Erfahrung machen dürfen zu lieben und mache diese auch weiterhin. Ich kann es und es ist wunderbar. Ich weiß dieses Privileg sehr zu schätzen, denn ich habe

---

[20] Wikipedia ... („Liebe", 2022)

Kontakt mit Menschen gehabt, die nicht lieben können. Zumindest nicht so wie ich es kann. Ich habe großes Mitgefühl für diese Menschen. Allerdings werden sie wahrscheinlich auch nie erfahren, was sie verpasst haben.

Erfreulicherweise habe ich sehr viele Menschen in meinem Leben, die ich liebe, lieb habe oder denen ich große Zuneigung entgegenbringe und das beruht auch auf Gegenseitigkeit. Auch das empfinde ich als großartiges Glück und Privileg.

Nun hat aber jeder oder jede eine etwas andere Vorstellung davon, was Liebe für sie oder ihn bedeutet. So wie jedes Instrument in der Hand der falschen Person zur Waffe werden kann, so wird auch die Liebe manchmal als Waffe missbraucht.

„Ich tue das doch nur weil ich dich liebe!" Wenn du diesen Satz in deinem Leben schon einmal oder auch mehrmals gehört hast, kann ich dir das Buch „Traue keinem, der dein bestes will" von Dörte Thieme[21] nur ans Herz legen. Sie erklärt in diesem Buch wunderbar, wie dieses unschuldige, schöne Gefühl von manipulativen Menschen missbraucht wird. Sie bringen dich dazu Dinge zu tun, die sie wollen oder für richtig halten.

Wie kann ich mich denn dagegen wehren, dass etwas mit mir geschieht, was ich nicht möchte, wenn mein Gegenüber behauptet, dass er oder sie es nur aus Liebe tut? Tja, die Antwort darauf ist ganz einfach: die Person tut das tatsächlich aus Liebe. Aber nicht aus Liebe zu dir, sondern aus Liebe zu sich. Diese Liebe hat nichts mit der bedingungslosen Liebe zu tun, um die es in diesem Kapitel gehen soll. Hier handelt es sich um die narzisstische Selbstliebe. Mehr zum Thema Narzissmus und der daraus fehlgeleiteten Liebe gibt es weiter unten auch noch einen kleinen Exkurs.

Beim Überarbeiten dieses Kapitels ist mir zweimal Klaus Lage mit 1000 und 1 Nacht über den Weg gelaufen. Naja, richtiger müsste ich sagen: hat sich in mein Ohr geschlichen. Du kennst das Lied bestimmt. 1000-mal berührt. 1000-mal ist nix passiert. 1000 und eine Nacht und es hat Zoom gemacht.

---

[21] Thieme, Dörte, TRAU KEINEM, DER DEIN BESTES WILL!: EMOTIONALE ERPRESSUNG erkennen — durchschauen — beenden, 2017

In dem Lied beschreibt Klaus Lage die Freundschaft zu einer Frau, die dann mit Sex endet und ihre Beziehung komplett durcheinander wirbelt.

Sex ist eine großartige Form Liebe auszudrücken (Auch eine Form der 5 Sprachen der Liebe[22]) Mit meiner jetzigen Sicht auf die Dinge, habe ich mir die Frage gestellt, wo jetzt genau eigentlich deren Problem liegt. Sie haben sich über Jahre platonisch geliebt und irgendwann dieser Liebe durch Sex einen anderen Ausdruck gegeben.

Jetzt höre ich gerade alle Kritiker aus ihren Löchern kriechen und schreien: Sex macht die Freundschaft kaputt! Freundschaft zwischen Mann und Frau gibt es nicht. Da kommt immer irgendwann Sex ins Spiel.

Nope! Sex kann eine Freundschaft verändern, muss sie aber nicht kaputt machen. Freundschaft zwischen Mann und Frau kann es auch ganz ohne Sex geben. Allerdings durchaus auch mit. Neudeutsch nennt sich das dann Freundschaft Plus oder F+.

Im Umkehrschluss gibt es ja auch genug Beziehungen bzw. Ehen zwischen Mann und Frau, die irgendwann ohne Sex auskommen. Diese Beziehungen müssen nicht schlecht sein deswegen. Sie können geprägt sein durch Verlässlichkeit und Loyalität. Sex und Intimität sind nur Komponenten in einer Beziehung.

Ich denke, man sollte Sex und Liebe trennen. Das Eine kann mal aus einem flüchtigen Verlangen heraus entstehen. Das Andere ist tief, oft lang anhaltend und mehr- und vor allem komplexer.

Besonders die bedingungslose Liebe. Wir haben verlernt bedingungslos zu lieben. Wir wachsen ja schon damit auf, dass die Eltern einem vermitteln, dass sie einen mehr „lieben", wenn man ein „braves Kind" ist.
Unsere Eltern hinterlassen in uns immer irgendwie emotionale „Lücken", die wir als Erwachsene versuchen zu „schließen". Wir erwarten sehr oft vom Beziehungspartner, dass er die „Lücken schließt", die die Eltern bei uns hinterlassen haben.

Lasst uns mal kurz übern großen Teich gehen, präziser nach Kalifornien, in einen Stadtteil von Los Angeles, in die „Traumfabrik" Hollywood:

---

[22] Chapman, Gary, Die fünf Sprachen der Liebe - Wie Kommunikation in der Partnerschaft gelingt, 2019

Laut mancher dieser dort entstandenen Filme, muss man einfach nur darauf warten, dass der oder die eine Richtige oder Richtiger einem über den Weg läuft und dann ist bis zum Lebensende alles in Butter. Sollte dir der oder die eine noch nicht über den Weg gelaufen sein in deinem bisherigen Leben...... Dann ist trotzdem alles in Butter und du kannst du dich ganz getrost entspannen. Du hast nichts falsch gemacht. Es liegt nicht an dir. Rechne dir doch einfach mal ganz kurz die Wahrscheinlichkeit dafür aus, wenn es den einen oder die eine wirklich gäbe. Also...die Erde hat ca. 8 Milliarden Einwohner...d.h. die Wahrscheinlichkeit, dass du den oder die richtige irgendwann mal in deinem Leben triffst, ist 1:8.000.000.000...ungefähr. Wenn du dich nur für das jeweilige eigene oder andere Geschlecht interessierst, fällt hier dann auch noch ungefähr die Hälfte weg, was zu einem Verhältnis von 1:4.000.000.000 wird. Wie war das noch mal mit Lotto spielen?

Wie du dir sicher jetzt schon denken kannst, bin ich der Meinung, dass es DEN einen oder DIE eine nicht gibt. Die kann es ja gar nicht geben. Du bist ja schon für dich gesehen ein komplexer Mensch. Dann soll es da auch noch jemanden geben, der dieser Komplexität zu 100% entspricht. Alleine beim kurz drüber nachdenken kann einem klar werden, dass sowas nicht sein kann.

Selbst wenn es diesen Mythos, dieses Wunder gäbe, wäre das nicht auf Dauer ein klein wenig langweilig? Stell dir doch mal vor, du hättest jemanden an deiner Seite, der genauso ticken würde wie du. Das würde dich doch nach relativ kurzer Zeit ziemlich langweilen, oder? Beziehungen leben von Ungleichheiten, sie leben von Spannung und vor allem von den Emotionen, die das Leben, die die Menschen so mit sich bringen.

Ich für mein Teil muss sagen, dass ich es in meiner Kindheit und Jugend immer recht seltsam fand, wenn meine Mitschülerinnen dasaßen und ihre Hochzeit planten. Mit Kutsche und weißen Tauben und Schimmel und Kleid und Tüdelü.
Sowas hab ich tatsächlich noch nie getan. Ich mag Hochzeiten - bei anderen. Für mich ist dieses Schischi-Gedönse nix. Vor allem, weil ich mehr und mehr die Seiten hinter der Tüll-Fassade zu sehen bekomme. Die Medien schlachten auch das gewinnbringend aus. Ich schaue zwar relativ wenig fern, bin aber vor etwas längerer Zeit mal über ein Format gestolpert, das „Zwischen Tüll und Tränen" heißt. Ich hab nur mal kurz reingezappt, kann mir aber gut vorstellen, dass es hier um die Dramen rund um die klassischen, romantischen Hochzeiten geht.

Der oder diejenige, die mich vielleicht etwas besser kennen, werden natürlich jetzt berechtigt einwenden: „Aber Moment mal, du warst selbst zweimal verheiratet, wie kam das denn dazu?"

Tja, die Gründe, weshalb ich zweimal eine Ehe eingegangen bin, hatten überhaupt nichts mit diesem romantischen Schischi zu tun. Beim ersten Mal war ziemlich viel Unwissenheit dabei, muss ich zugeben und beim zweiten Mal waren auch finanzielle Vorteile mit im Spiel. Dazu möchte ich anmerken, dass Heiraten finanzielle Vorteile bringen kann. Allerdings werden die meistens spätestens bei der Scheidung wieder ins Gegenteil verkehrt.

Zum Zeitpunkt der Hochzeit hab ich die jeweiligen Männer natürlich geliebt, jeden auf seine eigene Art und Weise. Diese beiden Männer haben, neben anderen Menschen, dazu beigetragen, dass sich mein schon immer etwas anderes Verständnis von Liebe noch mehr manifestiert hat. Denn unter anderem durch sie habe ich gelernt, dass ich nicht nur Liebe für zwei Personen in meinem Leben habe. Ich habe genügend Liebe für sehr viele unterschiedliche Personen in meinem Leben und jeden oder jede liebe ich auf seine oder ihre andere Art und Weise, und zwar so bedingungslos wie es mir möglich ist.

In der klassischen Psychologie wird ab und zu mal behauptet, dass es keine bedingungslose Liebe gäbe. Dem möchte ich hier widersprechen. Ich bin der Ansicht, dass es bedingungslose Liebe gibt. Aber vielleicht nicht so, wie wir sie uns vorstellen.

Ich möchte an dieser Stelle ein Beispiel aus meinem eigenen Leben nennen, um das ein bisschen zu verdeutlichen.
Es geht hier um die Liebe zu meinem Großvater. Mein Großvater ist gestorben, als ich 11 Jahre alt war. Mein Großvater war eine wichtige Person in meinem Leben und ich habe ihn sehr geliebt. Ich denke, er mich auch. Zumindest habe ich das damals so gefühlt. Aber ich habe nicht aufgehört, ihn zu lieben, nachdem er gestorben war. Ich liebe ihn auch heute noch, auch wenn er körperlich nicht mehr unter uns weilt. Diese Liebe ist eine bedingungslose Liebe. Sie kann nicht an Bedingungen geknüpft sein. Sie ist einfach in mir. Es ist ein Gefühl in mir. Das hat mit der Person, die ich liebe, erstmal überhaupt nichts zu tun und aus diesem Grund behaupte ich, dass es bedingungslose Liebe durchaus gibt. Was wir in unseren Beziehungen dann teilweise aus diesem abstrakten Wort machen, was wir hier hineininterpretieren oder auch von der Liebe erwarten, steht auf einem anderen Papier.

Hierzu gefällt mir der Ausdruck von Robert Betz[23], den ich in einem von ihm gehaltenen Vortrag hörte: GGBB -> Gesellschaft zur gemeinsamen Bedürfnisbefriedigung. Ich hab ja oben schon mal erzählt, dass manche ihren Partner mit einem Bedürfnis-Bündel überhäufen und dann nachher enttäuscht sind, wenn er dieses Bedürfnis-Bündel alleine nicht schleppen kann.

Da wir uns dem Ende des Kapitels nähern, möchte ich dir eine kleine Aufgabe geben:
Schau deinen Partner/ deine Partnerin an und dann fühle ich dich hinein: Wenn du diese Person noch nicht so lange kennen würdest und wenn du die vielen Dinge die du jetzt schon über sie/über ihn weißt, nicht wüsstest, würdest du ihn/sie dann noch genauso lieben? Fühl mal in dich hinein. Wie fühlt es sich an?

---

[23] Betz, Robert (2022)

11. EXKURS – TOXISCHE BEZIEHUNGEN & NARZISSMUS

Jetzt kommen wir zu dem bereits angekündigten Thema der fehlgeleiteten Liebe und wann Beziehungen giftig, also toxisch, werden können.
Laut einer deutschen Studie leiden 9,4 Prozent der Bevölkerung an einer Persönlichkeitsstörung, darunter 0,4 Prozent unter einer narzisstischen Persönlichkeitsstörung. Das klingt nach nicht viel, bedeutet aber alleine in Deutschland über 330.000 pathologische Narzissten. Dazu muss gesagt werden, dass hier nur die eindeutig pathologischen Narzissten berücksichtigt sind. Die Dunkelziffer dürfte deutlich höher liegen.

Narzissmus als Krankheitsbild lässt sich am treffendsten mit den 5-Es des österreichischen Psychiaters Dr. Reinhard Haller beschreiben: Egozentrismus, Eigensucht, Empathielosigkeit, Empfindsamkeit, Entwertung.[24]

Oft leiden besonders empathische und hochsensible Menschen bereits stark unter mangelndem Einfühlungsvermögen und dem Egoismus des Partners, ohne dass dieser im klinischen Sinne Merkmale einer pathologischen Narzisstischen Persönlichkeitsstörung aufweisen muss. Trotz der schädlichen Wirkung auf den empathischen Partner sollte der Begriff der toxischen Beziehung jedoch Partnerschaften mit echten toxischen Personen vorbehalten bleiben, um ihn nicht zu verwässern. Ob eine Beziehung als toxisch empfunden wird, hängt nicht nur vom Gegenüber ab, sondern auch davon, wie es um die eigenen offenen Wunden und Resilienz steht. Es verhält sich also ähnlich wie bei einschneidenden Erfahrungen die den einen Menschen traumatisieren und den anderen nicht nachhaltig verändern.

Ich hoffe, dass diese kurze Einleitung dir bereits erklärt, dass es zu einer toxischen Beziehung nicht zwingend einen Narzissten braucht und dass nicht jeder gleich ein Narzisst ist, der egoistisch handelt oder sich anderweitig „narzisstisch" verhält.
Es ist ähnlich wie das mit dem Psychopathen, der nicht mit gähnt, wenn du gähnst. Nur weil jemand das tut, ist er noch lange kein Psychopath.
Wenn du mehr zu toxischen Beziehungen und Narzissmus lesen möchtest, kann ich dir die Seite von Andreas Gauger sehr ans Herz legen: https://andreas-gauger.de/

---

[24] Gauger, Andreas, Narzissmus: Alles was du wissen musst (2022)

Nun muss ich sagen, dass ich zu der Zeit, als ich mich intensiv mit den unterschiedlichen Persönlichkeitsstilen auseinandergesetzt habe, plötzlich bei jedem, der mir über den Weg lief, die ein oder anderen Persönlichkeitsmerkmale gefunden habe oder meinte sie gefunden zu haben.

Ich litt zu dieser Zeit unter einer klassischen kognitiven Verzerrung (cognition bias). Das ist nichts Schlimmes, sondern vollkommen normal. Das passiert jedem. Selbst Daniel Kahneman, der sich intensiv mit kognitiven Verzerrungen auseinandergesetzt hat, gibt in seinem Buch zu, dass auch er unter diesen selbst litt. Allerdings hat er sie erkennen und entschlüsseln können.[25]

Persönlichkeitsstile sind sehr komplex. Menschen sind sehr komplex. Nachdem ich mich intensiv mit dem Thema „toxische Beziehungen" auseinandergesetzt hatte, musste ich feststellen, dass ich mich selbst eine lange Zeit lang in einer solchen befunden habe. Diese Beziehung hat mir rückblickend nicht gutgetan. Allerdings habe ich auch sehr viel für mein weiteres Leben durch diese Beziehung gelernt.

Mit der Hilfe von oben erwähntem Andreas Gauger kam ich zu der Erkenntnis, dass dieser Mensch, mit dem ich diese Beziehung geführt habe, eine Reihe von narzisstischen Verhaltensmustern aufwies, die im Endeffekt für mich dauerhaft schädlich, also toxisch waren. Es gab Gründe, warum ich diese für mich schädliche Beziehung nicht verlassen habe. Allerdings kam ich irgendwann an einem Punkt, an dem ich dachte:" Wenn ich das jetzt so weiterführe, verliere ich noch den letzten Funken Respekt vor mir selbst." So endete diese Beziehung.

Nun muss man dazu sagen, dass der Begriff Narzissmus im Moment in vielerlei Munde ist und dass man hier definitiv differenzieren sollte. Ich habe mich natürlich auch selbst einer Analyse unterzogen und dabei festgestellt, dass auch ich eine Reihe an narzisstischen Zügen aufweise. Narzissmus an sich ist, wie oben bereits erwähnt, eine Art Selbstliebe. Selbstliebe an sich ist vollkommen okay und sogar nützlich und wichtig für dich. Wenn du allerdings anderen Schaden zufügst deiner Selbstliebe willen wird es kritisch. Dann beginnt der destruktive oder maligne Narzissmus.
Wenn du keinerlei narzisstische Züge aufweist, hast du übrigens andere Probleme. Ein gewisses Maß an Narzissmus ist normal und gesund.

---

[25] Kahneman, Daniel, Schnelles Denken, langsames Denken, 2016

Schwierig wird das Ganze, wenn die narzisstischen Verhaltensweisen zu viel werden und dazu führen, dass sie in einer Beziehung überhandnehmen. Darüber hinaus sollte man betrachten, ob diese Verhaltensweisen schädigend für andere Menschen sind. Ein Mensch mit narzisstischen Zügen ist mehr oder weniger bereit die Schädigung eines anderen in Kauf zu nehmen. Das gehört zu dieser Ausprägung dazu. Dies kann dazu führen, dass sich diese Beziehung für den einen Partner als toxisch erweist. Toxisch bedeutet giftig. Die Dosis macht das Gift.

Buchtipp:
Wenn du mehr zu Menschen mit narzisstischen Persönlichkeitsstörungen lesen oder hören willst, kann ich dir diese beiden (Hör-)Bücher von Pablo Hagemeyer empfehlen:

"Gestatten, ich bin ein Arschloch.": Ein netter Narzisst und Psychiater erklärt, wie Sie Narzissten entlarven und ihnen Paroli bieten[26]

„Die perfiden Spiele der Narzissten: Der nette Narzissmus-Doc klärt auf"[27]

Aber auch wenn es nur geringe Dosen sind, am Ende kann sich eine zu große Menge an Gift tödlich auswirken. Aus diesem Grund werden toxische Beziehungen auch so genannt. Auch wenn es am Ende nicht tödlich für einen Partner endet, so können sich diese toxischen Verhaltensweisen dennoch irgendwann tödlich für die Beziehung auswirken und auf jeden Fall bei mindestens einem der Partner ggf. dauerhafte Nachwirkungen hinterlassen.

Nun bin ich bei meinen Recherchen zu der Erkenntnis gelangt, dass man toxische Beziehung im Prinzip mit jeder Art von Menschen haben kann. Nicht nur mit Menschen mit narzisstischen Persönlichkeitsmerkmalen. Eine Beziehung kann auch toxisch sein mit jemandem, der überwiegend histrionische Persönlichkeitsmerkmale aufweist, oder dependente, selbstunsichere, passiv aggressive, schizoide, zwanghafte oder paranoide Persönlichkeitsmerkmale. Denn alle diese Persönlichkeitsmerkmale können in der falschen Kombination und Ausprägung zu einer toxischen Beziehung führen. In einer Beziehung

---

[26] Hagemeyer, Pablo »Gestatten, ich bin ein Arschloch.«: Ein netter Narzisst und Psychiater erklärt, wie Sie Narzissten entlarven und ihnen Paroli bieten, 2020
[27] Hagemeyer, Pablo, Die perfiden Spiele der Narzissten: Der nette Narzissmus-Doc klärt auf, 2021

haben zwei Menschen einen BEZUG zueinander und wenn dieser Bezug gestört ist, kann die Beziehung für mindestens einen der beiden toxisch werden.

Eine beispielsweise überwiegend dependente Persönlichkeit kann durchaus auch toxische Wirkung auf einen anderen Menschen haben. Nennen wir den dependenten Part einfach mal Paul und die weniger dependente Partnerin Paula, der Einfachheit halber.

Paul kreist die ganze Zeit nur um Paula mit dem Anspruch ihr jederzeit alle Wünsche von den Augen abzulesen und alles zu tun, um ihr bestmöglich zu Diensten zu sein. Paula kann mit Paul keine Konflikte austragen. Paul versucht diese immer im Keim zu ersticken, weil er es nicht aushalten würde, dass Paula böse auf ihn ist.

Paul hat übermächtig große Angst, davor, verlassen zu werden. Aus diesem Grund tut er sehr viel für Paula. Dies kann sich allerdings toxisch auf Paula auswirken. Sie fühlt sich eventuell „bemuttert" oder „bevormundet". Wenn sie Paul nach seiner Meinung fragt, wird sie höchstwahrscheinlich eine Antwort bekommen, die sich mit ihrer Meinung deckt. Paul hat in dem Sinne keine eigene Meinung.

Eventuell ist er bereits in seiner Kindheit von seiner Mutter oder von anderen wichtigen Bezugspersonen verlassen worden und hat diesen Verlust bis ins Erwachsenenalter nicht überwunden. Er ist oft einfach deshalb nicht in der Lage Grenzen zu setzen, weil er es nicht gelernt hat bzw. Erlebnisse hatte, in denen er Grenzen gesetzt hat und dann dafür im Stich gelassen wurde.
Geschichten dazu gibt es unzählige.

Eine solche Person handelt also oft gegen die eigene persönliche Überzeugung mit der Hoffnung, solange er (oder sie) tut, was der andere möchte der (oder die) andere die Beziehung nicht beendet.
Auch in einem solchen Fall kann durchaus ein Gespräch mit einem Therapeuten einer Therapeutin, einem Coach sehr sinnvoll sein, um die verdeckten Thematiken aufzudecken.

Es ist nur möglich Verhaltensweisen zu ändern, wenn man versteht, warum man sich so verhält.

Eine solche Persönlichkeitsstörung bei einem Menschen ist nicht auf den ersten Blick erkennbar und selbst ausgebildete Psychologen brauchen jahrelange Erfahrung und liegen trotzdem manchmal dennoch daneben in ihren Einschätzungen.

Menschen mit einer ausgeprägten narzisstischen Neigung haben überhaupt kein Interesse daran zu erfahren, warum sie sich so verhalten, weil dies ihr Weltbild durcheinanderbringen könnte. Dies könnte zu einem kompletten Zusammenbruch führen. Ich will damit nicht ausschließen, dass dies auch bei anderen Menschen passieren kann, deren Persönlichkeiten in eine gewisse Richtung kippen. Also bei Menschen, deren Persönlichkeit im klassischen psychologischen Sinne gestört sind.

Man muss jemanden näher kennenlernen, um die unterschiedlichen Persönlichkeitsanteile sehen und durchdringen zu können und um eine eventuelle Persönlichkeitsstörung überhaupt feststellen zu können. Leider sind Beziehungen manchmal schon sehr weit fortgeschritten und manche Dinge sind ziemlich festgefahren, bis der eine Partner auf die Idee kommt „Hoppla! Hier stimmt irgendwas nicht." Manche Störungen zeigen sich erst später oder kommen nur zeitweise zum Vorschein.

Manchmal sind bereits gemeinsame Anschaffung getätigt worden, wie z.b. Häuser. Oder es sind bereits Kinder gezeugt worden. Jedoch hat man zu jeder Zeit die Möglichkeit eine Beziehung zu verlassen, wenn man feststellt, dass sie einem nicht guttut. Gerade dann, wenn man feststellt, dass diese Beziehung eine toxische Beziehung ist und diese Beziehung sich auf Dauer negativ für einen selbst auswirkt, beziehungsweise diese Beziehung den einen Partner vielleicht sogar krank macht.

Mir fällt dazu gerade ein Beispiel aus meiner persönlichen Vergangenheit ein, das zu diesem Thema toxische Beziehungen passt. In der Konstellation haben wir es aber nicht zwingend mit einem narzisstischen Partner zu tun, sondern es handelt sich hier tendenziell eher um einen dependenten Partner.

Die Geschichte ist kurz erzählt:
Der Mann hat mehr oder weniger seine Frau gemästet, um sie unattraktiv für andere Männer zu machen, weil er Angst davor hatte, dass sie ihn für einen anderen verlässt. Ich habe diese Frau vor Jahren persönlich kennenlernen dürfen und sie hat mir ihre Geschichte erzählt. Sie hat lange gebraucht, bis sie verstanden hat, was in dieser Beziehung passiert. Dann hat sie versucht, in dieser Beziehung etwas zu ändern. Zwar hat sie versucht abzunehmen, weil sie sich selbst so nicht mehr

wohlfühlte. Daraufhin erlebte sie, dass ihr Mann ihre Abnehmversuche massiv boykottierte. Irgendwann hat sie den Schlussstrich gezogen und diese Beziehung beendet. Sie war danach in psychotherapeutischer Behandlung. Mittlerweile geht es ihr wieder gut. Wenn du mehr zum Thema toxische Beziehungen wissen möchtest, kann ich dir den Kontakt zu Andreas Gauger nur ans Herz legen. Einige seiner Klientinnen haben ihre Geschichten erzählt, um anderen Frauen dabei zu helfen, wie sie mit toxischen Beziehungen umgehen können. Auch ich habe meine Geschichte erzählt. Falls sie dich interessiert, findest du sie hier:

https://andreas-gauger.de/toxische-beziehung-erfahrungen-03/[28]

Wenn du das Gefühl haben solltest, dich in einer Beziehung zu befinden, die dir auf Dauer nicht guttut, die dich krank macht, dann melde dich bitte gerne bei mir. Auch wenn ich dir vielleicht nicht direkt weiterhelfen kann, kann ich dich aber an Kollegen oder Kolleginnen weiterempfehlen, die dir helfen können. Es gibt für alles eine Lösung.

---

[28] Gauger, Andreas, Toxische Beziehung Petra (2022)

12. HOCHSENSIBILITÄT VS. TIEFSENSIBILITÄT

Hochsensible Menschen sind Menschen mit einer besonderen Begabung. Sie nehmen viele Empfindungen wesentlich intensiver wahr als andere, weniger sensible Menschen.

Das führt dazu, dass sie in der Regel auch empathischer sind als andere. Empathie ist die Fähigkeit und Bereitschaft, die Gefühle, Emotionen, Empfindungen, sowie damit zusammenhängende Gedanken und Motive des Gegenübers wahrzunehmen oder der Versuch dieses Gefühl nachempfinden und verstehen zu können.

Es gibt wissenschaftliche Erkenntnisse dazu, dass hochsensible Menschen in früherer Zeit, als wir noch nicht so zivilisiert waren wie heute, als Gefahrenmelder dienten, weil sie zum Beispiel Rauch wesentlich früher gerochen haben als der Rest der Truppe. So konnten sie die anderen vor möglichen Gefahren warnen. Diese Fähigkeiten haben in unserer heutigen Gesellschaft keinen so großen Stellenwert mehr wie früher.

Wenn du Empfindungen hast, die andere nicht wahrnehmen, wenn du Gerüche wahrnimmst, die andere nicht wahrnehmen. Wenn du Geräusche hörst, die andere nicht hören kann es dafür ein paar Gründe geben. Natürlich kannst du einfach an einer Psychose leiden oder sonst irgendwie verrückt, schizophren oder wahnsinnig sein oder unter Drogen stehen. Oder du musst einfach das Radio leiser drehen. Hochsensibilität versus Tiefsensibilität. Was genau soll denn das bedeuten? Den Begriff Hochsensibilität hast du bestimmt schon einmal gehört. Aber Tiefsensibilität? Was soll denn das sein?

Hierzu erst einmal eine kleine Ausführung zum Thema Hochsensibilität. Hochsensibilität bedeutet, wie oben bereits angedeutet, dass bestimmte Sinne bei dir feinfühliger sind als bei einem Großteil der anderen Menschen. Ich bin jahrelang durch die Welt gelaufen und dachte: „Ich bin hier falsch."

Dies ist ein Satz, den ich häufig von Menschen höre, die irgendwann im Laufe ihres Lebens feststellen, dass sie hochsensibel sind. Mir ging es vor Jahren ähnlich. Ich dachte auch, ich wäre falsch in dieser Welt, weil ich Dinge wahrnahm, die andere Menschen nicht wahrnehmen konnten. Mittlerweile habe ich - unter anderem dank einer Heilpraktikerin für Psychotherapie – gelernt, damit umzugehen.

Du findest auch zum Thema Hochsensibilität eine ganze Menge Informationen im Internet.

Allerdings sind davon auch einige mit Vorsicht zu genießen. Auch hier gibt es – wie bei allem – schwarze Schafe: Menschen, die dir für teures Geld irgendwelche Kurse verkaufen wollen. So wie es nicht das eine Patentrezept für einen Menschen oder eine Beziehung gibt, so gibt es auch nicht DIE eine Lösung für Hochsensibilität. Vor allem, weil Hochsensibilität kein Problem ist das einer Lösung bedarf. Es ist eine Gabe und ich bin der Ansicht, dass du diese Gabe weder in einem 6-Wochen-Crash-Kurs vollends kennenlernen kannst, noch dass du sie in selbigem Kurs „in den Griff bekommst".

Die Wissenschaft steckt hier leider noch ziemlich in den Kinderschuhen. Ich hätte 2019 gerne an einer Studie teilgenommen. Dazu ist es aber letzten Endes dann nicht gekommen. Also, wenn du jemanden kennst, der zum Thema Hochsensibilität forscht, lass es mich gerne wissen. Ich stelle mich gerne als Forschungsobjekt zur Verfügung.

Nun aber zu dir. Was kannst du tun, wenn du das Gefühl hast hochsensibel zu sein?
Als allererstes gibt es, wie zu jedem anderen x-beliebigem Thema „Schnelltests" im Internet. Einer, den ich ziemlich gut finde, findest du hier auf der Homepage des Vereins zur Förderung hochsensibler Menschen: Zart besaitet - Plattform für hochsensible Personen (HSP) incl. Test[29]

Darüber hinaus findest du auf der Seite auch Coaches, die sich gezielt mit dem Thema Hochsensibilität beschäftigen.
Solltest du das Gefühl haben, dass der Test nicht zutrifft, gibt es zwei Möglichkeiten: Entweder gehörst du zu den Menschen, die denken sie seien hochsensibel ohne es zu sein. Das gibt es – wie bei jeder anderen „Selbstdiagnose" – immer wieder.

Oder du bist wirklich hochsensibel, nur bildet das Testergebnis das nicht ab. Dann melde dich gerne bei mir und wir finden in einem gemeinsamen Gespräch heraus, was passend für dich ist. Es gibt ein paar klassische Merkmale, an denen du erkennen kannst, ob du hochsensibel bist oder nicht. Beziehungsweise: ICH kann das erkennen.

Ich coache auch zum Thema Hochsensibilität, aber nicht nur. Meine Kernkompetenz ist das Verbessern von Beziehungen.

---

[29] Verein zur Förderung hochsensibler Menschen (2022)

Was ich in letzter Zeit in den diversen Foren erstaunt zur Kenntnis genommen habe, ist die Tatsache, dass manche Menschen eine Sonderstellung beanspruchen aufgrund ihrer Hochsensibilität. Okay, ich gebe zu, dass das Leben als hochsensibler Mensch anstrengender ist als das als nicht hochsensibler Mensch. Allerdings stehe ich auf dem Standpunkt, dass der Hochsensible die Lernaufgabe hat aus seiner Gabe das Beste zu machen.

Die Menschen, die sich von der Gesellschaft eine „Sonderstellung" erhoffen aufgrund irgendwelcher Parameter, wird man immer finden. Ich denke, dass hier oft ein verletztes Bedürfnis nach Wertschätzung dahintersteckt. Aber was es letztendlich wirklich ist, kann man nur im Einzelfall herausfinden.

Mein Partner hat vor kurzem den Begriff „Tiefsensibilität" entwickelt. Danke Thomas, dass ich mir den Begriff für dieses Buch ausborgen darf.

Tiefsensibilität bedeutet aber im Prinzip nichts anderes als nicht so sensibel. Wir haben in unserem Alltag oft Situationen, in denen ich etwas wahrnehme, was er so nicht wahrnimmt. Ein Geruch, ein Geräusch, eine Empfindung. Er ist jedoch ebenfalls ein sensibler Mensch. Er kann Stimmungen gut wahrnehmen, Gesten und Mimik sehr gut deuten. Nur bei den Gerüchen, Geräuschen, manchen Haptiken oder einzelnen Empfindungen gehen unsere Wahrnehmungen auseinander. Die Gründe dafür sind vielfältig und gehen hier zu weit.

Wir haben mittlerweile einfach einen ganz entspannten Umgang damit gefunden: Wenn ich ihn frage: „Nimmst du dies oder jenes nicht wahr? Riechst du das nicht? Hörst du das nicht? Schmeckst du nicht den Unterschied zwischen A und B?" Dann antwortet er oft: Nein, weißt doch, ich bin tiefsensibel."

Das ist ein Phänomen, das mir in einer Partnerschaft nicht zum ersten Mal begegnet. Allerdings bin ich in meiner persönlichen Weiterentwicklung an einem anderen Punkt angelangt, an dem ich das nicht mehr als so schlimm empfinde wie früher. Darüber hinaus habe ich das große Glück einen Partner an meiner Seite haben zu dürfen, der mit dieser Thematik anders umgeht als die Menschen vorher.
Manche Menschen sind im ersten Moment erschrocken darüber, wenn ich Ihnen ihre eigenen Gefühle spiegele. Allerdings muss ich natürlich in diesem Moment auch so selbstreflektiert sein, dass ich nicht meine eigenen Gefühle auf mein Gegenüber projiziere. Ich habe tatsächlich in der Vergangenheit die Erfahrung gemacht, dass selbst ausgebildete

psychologische Psychotherapeuten dazu nicht in der Lage waren. Das ist etwas, was den psychologischen Psychotherapeuten, der sich mit der Thematik mehr oder weniger alleine aus dem Lehrbuch beschäftigt hat und Menschen, die diese Empfindungen tatsächlich wahrnehmen können, voneinander unterscheidet.

Hin und wieder kommt es vor, dass ich bei Menschen Empfindungen wahrnehme, die sie so selbst gar nicht spüren, weil sie in dem Moment von anderen Gefühlen überlagert sind. Manchmal kommt es nach und nach dazu, dass diese Gefühle bei den Personen selbst bewusst zum Vorschein kommen, manchmal allerdings auch nicht.

Ich habe in der Vergangenheit ein paar Gespräche mit Menschen in Paarbeziehung geführt, in denen der eine Partner die Hochsensibilität des anderen Partners nicht nachempfinden und nicht verstehen konnte und oft gesagt hat: "Hey, stell dich doch nicht so an! Hey, sei doch nicht so empfindlich!" Das ist etwas, was man tunlichst vermeiden sollte in so einer Situation. Denn es verunsichert den hochsensiblen Partner nur noch mehr.

Es gab in meinem Leben auch Situationen, in der mir meine Hochsensibilität sozusagen zum Vorwurf gemacht wurde. Zum Beispiel sagte einmal jemand zu mir in einem vorwurfsvollen Tonfall: "Du sagst doch immer, du seist hochsensibel. Wieso tust du dann A oder B nicht?" Was A oder B war, weiß ich leider nicht mehr, aber es spielt für den Gesamtkontext keine Rolle.

Nun muss man dazu sagen, dass dieser Mensch grundsätzlich durch eine Art erlernte Hilflosigkeit geprägt wurde. Ich kenne Geschichten aus seiner Kindheit, in der ihm sehr viel abgenommen wurde, wenn er sich nur einfach hilflos genug zeigte. Er versuchte, dieses Muster mit mir weiterzuführen dadurch, dass er mir den Vorwurf machte: "Ich denke, du bist hochsensibel, dann müsstest du doch..."
Nur weil ich hochsensibel bin, heißt das noch lange nicht, dass ich deswegen auf alle Belange von Menschen eingehe. Im Gegenteil. Ich spüre manche Thematiken eher als anderen Menschen, d.h. ich durchschaue auch „Spiele" oft früher als andere. Inwieweit ich dann in diese Spiele einsteige, steht dann noch mal auf einem anderen Blatt. Hochsensibel hin, hochsensibel her.... gerade hochsensible Menschen dürfen es noch mehr als andere Menschen lernen, sich abzugrenzen. Denn dieses Nicht-Abgrenzen kann im schlimmsten Fall dazu führen, dass du als hochsensible Person deine Gefühle nicht mehr von denen der anderen unterscheiden kannst.

Dies ist ein Phänomen war es mir häufig in Foren begegnet. Die häufigste Frage, die dort gestellt wird, ist: Wie geht ihr damit um? Wie unterscheidet ihr eure Gefühle von denen des anderen?

Hier mein SOS-Tipp für solche Situationen: Geh raus aus der Situation! Wenn es möglich ist, geh einfach körperlich raus aus der Situation. Du musst plötzlich auf Toilette, du bekommst einen dringenden Anruf oder dir ist schlecht. Egal! Egal welche Ausrede du jetzt brauchst, um rauszukommen.

Wenn es keine Möglichkeit gibt körperlich aus der Situation rauszukommen, dann geh gedanklich auf eine Imaginationsreise. Stell dir vor, wie dein Körper den Raum verlässt. Du stehst auf, gehst zur Tür, drückst die Klinke. Dann gehst du gedanklich an einen sicheren Ort. Raus aus dem Büro. Raus aus der Wohnung. Auf die Straße. Du gehst gedanklich in den Wald. Dort suchst du dir einen schönen Platz an einem Bach oder eine schöne grüne Wiese auf einer Lichtung zwischen Bäumen. Setz dich hin und spüre in dich hinein.
Die Imaginations-Reise braucht am Anfang etwas Übung.
Das Gefühl, was du in diesem Moment fühlst, ist das deins? Kannst du das klar zuordnen?

Grundsätzlich sind wir Menschen mit der Fähigkeit zu Empathie ausgestattet. Diese Fähigkeit wird unter anderem gesteuert durch unsere Spiegelneuronen. Diese Spiegelneuronen sind vor ein paar Jahren mal durch die Presse gegangen und es gibt weitere wissenschaftliche Untersuchungen dazu – und ein paar Mythen. Einer dieser Mythen ist z.B., dass du einen Psychopathen daran erkennst, dass er nicht mit gähnt, wenn alle anderen gähnen. Denn bei Psychopathen sind die Spiegelneuronen tatsächlich schlechter ausgebildet als bei anderen Menschen. Aber nicht nur die... Der aktuellen Studie von Josh Buckholz[30], Neurologe an der Harvard University zufolge sind bei ihnen die Verbindungen zwischen dem Striatum und dem ventralen medialen präfrontalen Cortex deutlich schwächer ausgeprägt als bei normalen Menschen. Obacht! Der Umkehrschluss ist nicht immer gültig: Nur weil mein Gegenüber nicht mit mir gähnt, heißt das also nicht gleich, dass es ein Psychopath ist. Hundertprozentig nachweisbar ist im Hirnscan aber immer noch nicht, ob jemand psychopathisch, narzisstisch oder sonstwie gestört ist.

---

[30] Schönhaar, Corinna, Gehirne von Psychopathen unterscheiden sich von dem normaler Menschen, (2017) über Studie von Josh Buckholz

Hierzu gibt es weiterführende Literatur: „Auf dünnem Eis" von Lydia Benecke z.B.[31]

Nun zurück zu den Spiegelneuronen. Die Spiegelneuronen sind erstmal dazu da, damit wir etwas lernen. Sie sorgen grundsätzlich erstmal einfach nur dafür, dass du dazu verleitet wirst eine Geste, die dir vorgemacht wird nachzumachen. Der Ursprung allen Lernens. Bei Schimpansen hat man auch Spiegelneuronen im Gehirn gefunden. In der neurolinguistischen Programmierung, kurz NLP genannt, werden diese Mechanismen der Spiegelneuronen bewusst verändert, um Veränderung deiner Verhaltensweisen herbeizuführen.
Es kann jedoch durchaus sein, dass wir es hier mit einer intelligenten Person zu tun haben. Vielleicht sogar mit einer hochintelligenten oder einer sogenannten hochbegabten Person. 3% der Weltbevölkerung gehört dazu. Laut aktuellem Stand des Irrtums.

Exkurs: Aktueller Stand des Irrtums
In den ("exakten") Naturwissenschaften (also Physik, Chemie, tlw. Biologie) gilt normalerweise das Prinzip der Falsifikation: Eine Erkenntnis ist solange wahr, bis sie durch ein Gegenbeispiel widerlegt ist. Diese Wissenschaften beruhen i.d.R. auf konkret messbaren Effekten, aus denen Vorhersagen erfolgen können, die 100% gültig sein müssen. Ich muss also quasi ausrechnen können, wie lange ein Apfel mit einer bestimmten Masse und einem bestimmten Luftwiderstand braucht, um eine bestimmte Strecke vom Baum zu Boden zu fallen. Tut er das nicht, dann ist der "derzeitige Stand des Irrtums" erwiesenermaßen ein Irrtum, und es braucht einen neuen "Irrtum", der zumindest das ermittelte Resultat erklärt.[32]

Diese Erkenntnis kann einem berechtigte Angst machen, denn sie sagt, dass das was gestern noch wahr war, heute schon falsch sein kann. Das ist eine Tatsache. Mich beruhigt diese Tatsache allerdings. Denn so ist der Weg offen für Veränderung und Wandel.
Das durfte ich in meinem doch bisher sehr vergleichsweise kurzen Leben schon sehr kontrovers mit diversen Menschen aus unterschiedlichen Fachbereichen diskutieren. Denn so sehr und so gerne wir das tun würden, es entspricht leider nicht der Tatsache, dass einmal eine Wahrheit gefunden wird, die dann bis in alle Ewigkeit gilt. Wenn mir

---

[31] Benecke, Lydia, Auf dünnem Eis, 2020
[32] Ströntistel, Harmen, auf Quora,
Was ist Deine Meinung zum Spruch 'Wissenschaft ist der aktuelle Stand des Irrtums'? (2022)

gegenüber jemand auftritt mit der in diesem Fall gern genutzten und ausgenutzten Phrase „Das haben wir schon immer so gemacht" bekommt er von mir in der Regel zu hören: „Dann wird es Zeit, dass wir das jetzt anders machen und uns an den aktuellen Stand des Irrtums anpassen, um nicht den Anschluss zu verlieren."

Ich gehöre – ganz nebenbei gesagt – auch zu den sagenumwobenen 3% der Hochbegabten auf der Welt. Mein letzter Test hat einen IQ von 142 ausgeworfen. Allerdings variiert auch dieser Wert von Testverfahren zu Testverfahren und auch von Alter zu Alter usw. Ich denke, ich bin in meinem Leben mindestens 3 weiteren Hochbegabten begegnet und mir möge bitte jemand, dessen Stärken mehr im mathematischen Bereich liegen als meine, ausrechnen wie hoch die Wahrscheinlichkeit ist unter 82 Mio. Menschen gerade in Deutschland 3 Hochbegabte kennenzulernen. Wobei man hier natürlich die Verteilung der Hochbegabung berücksichtigen muss, die eventuell nicht in allen Teilen der Welt gleich ist. Da ich wahrscheinlich mehr als 300 Leute kenne, ist die Wahrscheinlichkeit hoch, dass ich einige nicht tief genug kennengelernt habe um die Hochbegabung zu erkennen. Mit der Hochbegabung ist es aus meiner Sicht nicht ganz so einfach, wie mit der Hochsensibilität. Diese kann ich recht gut spüren. Ob jemand hochbegabt ist oder nicht, ist nicht so leicht auf den ersten Blick erkennbar. Es gibt ja auch genügend Menschen, die erstmal eine ganze Menge Wissen oder Knowhow oder ähnliches vortäuschen können. Erst wenn man diese dann näher kennenlernt, hat man die Chance hochbegabt von „Aufschneider" unterscheiden zu können. Mit diesen seltenen Werten (also 3% von….) bewegen wir uns am rechten Rand der Gaußschen Glockenkurve (Normalverteilung). Wir bewegen uns hier also nicht „unter normalen Leuten". Und wenn du gerade, genauso wie ich, Lust hast mal die Kombinationen der Möglichkeiten zu durchdenken, die sich rein hypothetisch ergeben könnten, mache gerne mal mit….

Also…wir haben die nicht psychopathischen, weniger intelligenten, die psychopathischen, intelligenten, die nicht psychopathischen intelligenten, die hochsensiblen intelligenten, die nicht hochsensiblen, weniger intelligenten, die hochsensiblen nicht intelligenten (wobei diese Kombination sehr selten vorkommt), dann die narzisstisch geprägten, intelligenten und die narzisstisch geprägten weniger intelligenten Menschen. Ich glaube, ich höre jetzt besser mal auf, bevor es dich langweilt. Auf jeden Fall bewegen wir uns mit all diesen Kombinationen in 1-5% der Weltbevölkerung, d.h. 70 Mio.-350 Mio. Menschen auf dieser Welt. Man könnte z.B. alle Psychopathen der Welt in einem

Gedankenexperiment in Deutschland vereinen. Selbst dann hätten wir hier noch eine sehr große Varianz. Ich hoffe, du siehst, was ich damit aufzeigen will.

Wenn nicht, lies einfach gerne weiter. Denn jetzt geht es endlich darum.....

13. ... WIE DU GELASSENER MIT DIR SELBST UMGEHEN KANNST UND SO AUTOMATISCH GELASSENER MIT ANDEREN UMGEHST – MUT ZUR VERÄNDERUNG

Veränderung bringt immer eine gewisse Art von Schmerz mit sich. Man muss die gewohnten sicheren Verhaltensweisen ablegen und sich an neue gewöhnen. Das fällt dem einen leichter und dem anderen schwerer.

Hier kommt es allerdings auch immer auf die einzelnen Menschen an und auf die Bindungstypen, mit denen du bisher in deinem Leben konfrontiert warst. Wie viel Veränderung und wie viel damit verbundene Unsicherheit kann der Mensch aushalten? Das heißt im Umkehrschluss: wie tief ruht dieser Mensch in sich selbst?

Mir fällt in diesem Zusammenhang ein fälschlicherweise Albert Einstein zugeschriebenes Zitat ein: „Die Definition von Wahnsinn ist, immer wieder das Gleiche zu tun und andere Ergebnisse zu erwarten ändert."[33]

Und du glaubst gar nicht, wie oft ich es in meinem Leben schon erlebt habe. Ich habe Menschen gesehen, die immer wieder das Gleiche getan haben und immer wieder gehofft und erwartet haben, dass sich irgendetwas ändert. Gern genommenes Beispiel aus einer Partnerschaft. Wenn es dir auf den Keks geht, dass dein Mann oder deine Frau die Zahnpasta-Tube offenlässt, musst du es ihm oder ihr auch einfach irgendwann mal sagen. Ich hatte so etwas tatsächlich schon einmal in einem Coaching Gespräch, wo mir der Klient erzählte, dass er genervt ist von einer Verhaltensweise seiner Frau und auf meine Frage, ob er denn mit ihr schon einmal darüber gesprochen hätte, bekam ich tatsächlich zur Antwort: "Nein wieso? Das muss sie doch selbst merken, dass mich das nervt."

Möööööp! Nein! Solange er es nicht anspricht und ihr vermittelt, dass ihm ihr Verhalten auf die Nerven geht, wird sie es nicht merken. Selbst wenn sie es merken sollte. Sie findet ihr Verhalten ja in Ordnung so und sieht auch keinen Grund es zu verändern. Besonders in Beziehungen, die schon über Jahre oder Jahrzehnte andauern, kann dies eine große Herausforderung darstellen. Natürlich ist es in jahrzehntelangen Partnerschaften schwieriger, den Schritt zu machen und mit dem anderen darüber zu sprechen. Allerdings hast du keine andere Wahl, wenn du willst, dass sich etwas ändert. Sprechen ist erstmal der erste Schritt.

---

[33] Krieghofer, Gerald (2022)

Ein sehr bekannter Spruch ist auch „Love it, change it or leave it". "Liebe es, ändere es oder V E R lasse es" ist eine sehr gängige Übersetzung dieses Satzes. Allerdings kann „leave it" auch „lass es" bedeuten. Kann im Umkehrschluss einfach heißen: „Lass es so wie es ist." Wenn du es nicht lieben kannst oder es nicht ändern kannst, dann lass es einfach so, wie es ist. Manche Dinge im Leben sind definitiv schmerzhaft, sie sind traurig, sie sind furchtbar. Nichtsdestotrotz gehen wir oft einfacher durchs Leben, wenn wir es schaffen, genau diese Dinge so zu lassen, wie sie sind.

Ein Misthaufen wird immer ein Misthaufen bleiben, auch wenn du noch so oft teures Parfum darüber kippst oder pinkes Glitzer oder Sternchen und Schleifchen drauf machst. Ein Misthaufen bleibt ein Misthaufen. Wir leben in unserer westlichen Welt in so einem Optimierungswahn, dass wir oft denken, wir müssen nur lange genug an irgendetwas herum ändern, bis es so ist damit wir damit glücklich sein können. Aber genau umgekehrt wird ein Schuh draus. Um bei dem Beispiel mit dem Misthaufen zu bleiben: Wenn du aufhörst pinkes Glitzer oder literweise Parfum über den Misthaufen zu schütten, damit er so aussieht oder so riecht, wie du es gerne hättest kannst du die gewonnenen Liter Parfum und den gewonnenen pinken Glitzer nehmen und es für entweder dich selbst oder andere Zwecke verwenden. Du bekommst eine ganze Menge Energie dazu und damit auch eine ganze Menge an Lebensfreude. Auch an dem Beispiel des Misthaufens kann man wunderbar The Work von Byron Katie durchspielen.

Frage Nummer 1: Weißt du, dass es wahr ist? Weißt du, dass ein Misthaufen eklig und dreckig ist und stinkt?
Frage Nummer 2: Kannst du hundertprozentig sicher sein, dass ein Misthaufen eklig und dreckig ist und stinkt?
Frage Nummer 3: Was passiert, wenn du diesen Gedanken glaubst? Was passiert allerdings im Umkehrschluss, wenn du diesen Gedanken nicht mehr glaubst? Denn der Misthaufen ist nur für dich dreckig, eklig und stinkt.

Versetz dich doch einfach mal in die Lage eines Wurms oder eines Käfers beispielsweise. Der Wurm fühlt sich in diesem Misthaufen pudelwohl, weil es sein zuhause ist, weil er die Gerüche nicht so wahrnehmen kann wie wir. Weil er es nicht anders gewohnt ist.
Wenn du dazu bereit bist und es zulässt deine eigenen Schranken im Kopf zu öffnen und einmal über den Tellerrand zu blicken hast du die Möglichkeit zu einem gelasseneren, entspannteren und vielleicht sogar wesentlich glücklicheren Leben als vorher zu gelangen.

Denn wenn du gelassener mit dir umgehst, kannst du auch gelassener mit anderen umgehen.

Der Dalai Lama sagt:" Lasse nicht zu, dass jemand anderes deinen inneren Frieden stört."[34]

Ich liebe dieses Zitat. Deshalb erwähne ich es hier auch zum zweiten Mal in diesem Buch. Ich selbst darf es auch jeden Tag aufs Neue üben, meinen persönlichen inneren Frieden immer wieder zu finden. Ich lasse es ab und zu tatsächlich zu, dass dieser innere Friede gestört wird, schaffe es aber immer öfter und immer schneller zu diesem inneren Frieden zurückzukehren.
„Tja, was ist denn dieser innere Friede?" fragst du dich jetzt vielleicht. Innerer Friede ist für jeden etwas anderes. Jeder, mit dem ich mich bisher darüber unterhalten habe, hatte andere Strategien entwickelt diesen inneren Frieden zu finden. Ich würde das Gefühl einfach als mit sich selbst im Reinen beschreiben. Ruhig, gelassen, entspannt. Ich habe gerade das Bild von einem Boot vor Augen, das im Wasser treibt. Es lässt sich auch durch schnellere Wasserverläufe und Stromschnellen nicht so leicht erschüttern. Es wird zwar mal hin und her geschüttelt, findet dann aber wieder einen ruhigen Fluss und lässt sich einfach vom Wasser weiter vorantreiben.

In unserer Welt ist, glaube ich, ist niemand immer nur ruhig und gelassen. Das wäre auch irgendwie ein bisschen spooky und langweilig. Stell dir mal vor, dich würde gar nichts mehr aus der Ruhe bringen. Das wäre ja auch schade. Aufregung kann ja auch etwas total Schönes sein. Viele Dinge in unserem Leben können wir nicht beeinflussen. Wir können sie nur hinnehmen und schauen, dass wir das Beste für uns dabei herausholen.
Genau das ist es, was ich dir unter anderem gerne mit diesem Buch vermitteln möchte. Wie du es schaffst mit dir selbst in Einklang zu leben und schnell in jeder Situation zu deinem persönlichen inneren Frieden zu finden und manche Dinge schlicht und ergreifend einfach gehen zu lassen. Dazu habe ich nachfolgend noch.

---

[34] Dalai Lama (2022)

14. DREI TIPPS AUS DER ERFAHRUNGSSCHATZKISTE DER BEZIEHUNGSARCHITEKTIN

Hier kommt schon der erste Tipp: **Die 2-Minuten-Regel:** Wie oft kommt es im Alltag vor, dass man irgendwelche Dinge tun muss, zu denen man eigentlich gar keine Lust hat?

Hierzu noch ein kleiner Exkurs: Ich weiß nicht, ob du den ein oder anderen Podcast von mir schon gehört hast. In einem der Podcasts erkläre ich die „Must do" und die „Want do" Liste. Die must-do-Liste enthält, wie der Name schon sagt, die Tätigkeiten, die ich an diesem Tag erledigen muss, weil sie sonst kurz-, mittel- oder langfristig irgendwelche Konsequenzen für mich haben. Die want-do-Liste enthält dann die kleinen Belohnungen, die Dinge, auf die ich mich freuen kann, nachdem ich die must do Liste erledigt habe. Siehst du und so schnell kann es gehen, dass ich dir eigentlich nur 3 Tipps verraten wollte, es hier aber eigentlich gerade schon 4 sind. Die must-do und want-do Listen helfen mir bei Tätigkeiten, die mir nicht so viel Spaß machen, am Ball zu bleiben, weil ich die Vorfreude auf die want-do-Liste im Hinterkopf habe. Probiere es mal aus. Schreibe zwei Listen. Eine mit den Dingen, die heute unbedingt erledigt werden MÜSSEN und dann eine andere, mit Dingen, die du heute gerne machen MÖCHTEST. Dann erst die Must-do-Liste abarbeiten und dann die want-Do-Liste. Und? Hat's geklappt? Wie gefällt's dir?
Wenn du ein Muster für eine Want-Do-Liste haben möchtest, melde dich bei mir. Ich schicke sie dir gerne kostenfrei zu.

Nun aber zurück zur 2-Minuten-Regel. Wenn ich irgendetwas tun muss, zudem ich keine Lust habe, setze ich mir gerne einfach einen Timer auf 2 Minuten. Wenn es möglich ist, mache ich mir Musik dazu an, die mir gefällt und dann lege ich los. Ich habe dabei den Hintergedanken im Kopf, dass ich diese Tätigkeit ja nur 2 Minuten machen muss und dann wieder damit aufhören kann. Ein klitze kleines Beispiel: Die meisten von uns müssen ihre Spülmaschine ein oder ausräumen. Wie lange dauert das Spülmaschine ausräumen? Mhm. Irgendwas zwischen zwei und fünf Minuten. Spülmaschine ausräumen kann eines dieser kleinen Beispiele sein, an dem du die 2-Minuten-Regel wunderbar anwenden kannst. Denn je nachdem, wie voll deine Spülmaschine ist und wie strukturiert deine Schränke, dauert das Ausräumen der Spülmaschine nur 2 Minuten. Die 2-Minuten-Regel funktioniert allerdings auch bei Tätigkeiten, die mehr Zeit in Anspruch nehmen, wie zum Beispiel Unterlagen zu sortieren und abzuheften. Auch hier kannst du sagen: "Ich mache das nur für 2 Minuten, wenn ich die 2 Minuten gemacht habe, gönne ich mir eine

Pause. Ich trinke einen Kaffee, ich esse einen Keks, ich tue mir irgendetwas Gutes." Probier es aus. Du wirst sehen, dass du es nicht nur für 2 Minuten tun wirst. Die 2 Minuten sind einfach nur der Schritt, der dich dazu bringt mit einer unliebsamen Tätigkeit anzufangen.

Apropos neue Tätigkeit. Schwuppdiwupp sind wir hier schon bei Tipp 2:

Die 32-Tage-Challenge.
Du hast also für dich eine neue Verhaltensweise identifiziert, die du gerne lernen möchtest und verinnerlichen möchtest. Eine Verhaltensweise, von der du überzeugt bist, dass sie für dein zukünftiges Leben von Vorteil für dich sein kann.
In diesem Fall kannst du die 32 Tage Challenge machen. Je nachdem, ob du eher der mediale Typ oder der klassische Typ Mensch bist, kannst du dir einen Kalender an die Wand hängen oder auch einfach dein Handy rausholen und dir einen Kalender in deinem Handy einstellen.
Es geht erst mal nur darum, die nächsten 32 Tage zu markieren. Du wirst diese neue Verhaltensweise in den nächsten 32 Tagen jeden Tag tun. Und wenn ich sage jeden Tag mein ich damit auch jeden Tag.
Ein kleines Beispiel aus der Praxis, was nicht viel Auswirkungen auf dein weiteres Leben haben wird, mir aber damals, als ich mich das erste Mal mit dieser Challenge auseinandergesetzt habe im Kopf hängen geblieben ist:
Wenn ich früher meine Hände gefaltet habe, dann habe ich den rechten Daumen über den linken Daumen gefaltet. Gehe jetzt einfach her und falte deine Hände. Welcher Daumen liegt oben? Der Rechte oder der Linke? Wie gesagt, in meinem Fall war es der rechte Daumen. Ich wollte dieser 32 Tage Challenge, die ich unter einem etwas anderen Namen kennengelernt habe, nicht trauen und habe mir gedacht ich probiere es an einem klitzekleinen Beispiel aus.
Ich habe 32 Tage lang einmal am Tag meine Hände gefaltet, und zwar mit dem linken Daumen nach oben. Soll ich dir was sagen? Mein persönliches Experiment ist jetzt circa 5/6 Jahre her. Und wenn ich meine Hände falte, ist es mittlerweile absolut automatisch so, dass ich den linken Daumen nach oben lege. Es fühlt sich für mich total natürlich an. Die ersten 4 − 10 Tage sind meistens etwas seltsam. Es fühlt sich komisch an, es ist ungewohnt. Aber spätestens ab dem 20. Tag ist es eine Disziplin Leistung, die Übung jeden Tag weiter durchzuführen, denn ab dem 20 Tag fühlt sich in der Regel das neue Verhalten schon sehr normal an. Unser Gehirn braucht einfach eine gewisse Anzahl an Wiederholungen, bis es eingeprägte Verhaltensmuster überschreiben kann.

Wenn du Auto fährst und mal ein Auto gekauft hast, bei dem der Rückwärts-Gang woanders war als bei dem Auto, das du vorher gefahren bist, wirst du das leichter verstehen, was ich hier erkläre. Du musst mir das hier jetzt nicht glauben. Probier es einfach aus. Es funktioniert mit jeder Art von Verhaltensänderung, die du durchführen möchtest.

Und hier kommen wir zum **3. Tipp** aus der Erfahrungsschatzkiste der Beziehungsarchitektin:

Die AUFTAU-Strategie:
Klar ist es am schönsten, wenn wir alle mit uns im Reinen sind und jeder den inneren Frieden gefunden hat und sich vom anderen darin nicht stören lässt. Aber wenn wir ehrlich und realistisch sind, gibt es eine ganze Reihe an Situationen im Leben, die uns ganz schön aus der Bahn werfen können. Für solche Momente, auch Krisen genannt, habe ich irgendwann mal die AUFTAU-Strategie entwickelt.

A wie Aufregen: Dass du in einer Situation, die dich massiv negativ beeinträchtigt, nicht Friede, Freude, Eierkuchen spielst und lustig und fröhlich lachend durch die Gegend läufst, versteht sich von selbst. Ich nehme mir in solchen Momenten bewusst Zeit zum „Aufregen", d.h. einfach mal alles an negativen Gefühlen rauslassen, was da ist. (Beispiel: 2 Minuten Heulzeit oder ein Telefonat mit einer vertrauten Person, bei der ich mal alles rauslassen kann, was ich so richtig scheiße finde an der Situation. Oder ich gehe eine große Runde joggen und brülle einfach mal in den Wald. Du kannst auch einfach alles, was dich belastet auf einen Zettel schreiben. Alles, was dir in dem Moment hilft um runterzukommen, ist erlaubt.). Wenn unser Gehirn mit Emotionen geflutet ist und die Stresshormone durch unsere Blutbahnen wabern, ist unser Gehirn nicht in der Lage klar zu denken und gute Entscheidungen zu treffen. Du darfst in der Aufrege-Phase alles machen, was dir guttut, nur eins nicht: JETZT KEINE WICHTIGEN ENTSCHEIDUNGEN TREFFEN!

U wie Umstände checken, soll heißen: Bestandsaufnahme machen (ich hole mir in solchen Situationen Informationen aus vertrauenswürdigen Quellen und helfe mir hier tatsächlich mit Excel-Tabellen und mache Pro und Contra-Listen, wenn die Situation eine weitreichende Entscheidung von mir fordert – das funktioniert im Privaten für mich genauso gut wie im Berufsleben). Die wichtigste Frage ist hier immer: was kann ich Positives aus der Situation mitnehmen?

F wie Formuliere dein Ziel: und das Ziel kann manchmal ein simples „Ich will endlich wieder glücklich sein" sein. Der Satz klingt so einfach.

Es kann aber manchmal ein harter Weg sein dort wieder hinzukommen. ABER: es geht! Alles ist machbar! Allerdings ist der Satz „Ich will endlich wieder glücklich sein" für dein Gehirn ein bisschen zu abstrakt als das es das alleine anhand dieses Satzes umsetzen könnte. Aber dazu gerne mehr im persönlichen Gespräch.

T wie Toolkit zusammenstellen: was brauche ich, um mein Ziel zu erreichen? Welche Werkzeuge brauche ich? Brauche ich jemanden an meiner Seite, der mich bei bestimmten Schritten unterstützt? Da reicht manchmal ein einfaches „Ich bin da, wenn du mich brauchst". Ich für meinen Teil bin sehr froh darüber, dass sich schon vor mir Menschen mit solchen Herausforderungen auseinandergesetzt haben und es einige „Werkzeugkästen" frei verfügbar gibt, die ich dann nur einfach aufmachen muss und mir das rausholen kann, was ich in dem Moment brauche.

A wie Atmen oder Ausruhen, kurz irgendwie versuchen Energie zu sammeln: Wenn die Bestandsaufnahme abgeschlossen ist und der Werkzeugkasten gepackt, versuche ich, soweit möglich, zur Ruhe zu kommen und Energie zu sammeln für das, was dann auf mich zukommt. Denn nur weil eine Entscheidung getroffen wurde, heißt es nicht, dass dann damit alles erledigt ist. Jetzt kommt der anstrengende Teil:

U wie Umsetzung: Zur Umsetzung gehören für mich immer die drei K's: Nicht Küche, Kirche, Kinder, sondern Klarheit, Kompetenz, Konsequenz. Ich habe in meinem Kopf oder auf einem Blatt Papier oder auf einer Excel-Tabelle oder wo auch immer mein Ziel klar formuliert, nehme dann den Mut zusammen dieses Ziel kompetent, also mit dem mir zu diesem Zeitpunkt bestmöglichen Sachverständnis, anzugehen, und lasse dann Konsequenzen folgen, d.h. ich gehe in die Umsetzung. Wie die Umsetzung in deinem speziellen Fall aussieht, darf man dann halt einzeln beleuchten.

Während dieses Buch entsteht, stecken wir alle in einer Krise, der Corona-Krise. Auch diese Krise ist wie jede Krise. Es ist hart sich mit den Belangen konfrontieren zu müssen, die diese Krise mit sich bringt. Allerdings bringt sie – wie jede Krise – die Chance auf einen großartigen Neuanfang.
Wikipedia schreibt dazu: „Eine Krise ist im Allgemeinen ein Höhepunkt oder Wendepunkt einer gefährlichen Konfliktentwicklung in einem natürlichen oder sozialen System, dem eine massive und problematische Funktionsstörung über einen gewissen Zeitraum vorausging und der eher kürzer als länger andauert.

Die mit dem Wendepunkt verknüpfte Entscheidungssituation bietet in der Regel sowohl die Chance zur Lösung der Konflikte als auch die Möglichkeit zu deren Verschärfung. Dass es sich hierbei um einen Wendepunkt handelt, kann jedoch oft erst konstatiert werden, nachdem die Krise abgewendet oder beendet wurde. Nimmt die Entwicklung einen dauerhaft negativen Verlauf, so spricht man von einer Katastrophe (wörtlich in etwa „Niedergang").“

Ich denke, dass wir im Jahr 2022 schon ein paar Folgen der Krise abschätzen können. Nur ist es bei dieser Krise so wie bei jeder Krise: Im Moment der Krise bist du in einer Entscheidungssituation. Wie du dich dann entscheidest, hat Auswirkungen auf dein weiteres Leben.

So komme ich zum letzten Thema dieses Buches:

15. OFFENE BEZIEHUNGEN UND ANDERE BEZIEHUNGSKONZEPTE

Auch ich bin lange einem Mythos hinterhergelaufen. Mir wurde als Kind vermittelt, dass es DEN einen Menschen gibt, mit dem man dann bis zum Ende seines Lebens zusammenbleibt. Ich wusste damals noch nichts davon, welche rechtlichen Konsequenzen es haben kann, wenn man heiratet und dass Heiraten überhaupt nichts mit Liebe zu tun hat. Nun, ca. 40 Jahre später, bin ich ein Stückchen schlauer. Ich wusste zwar schon damals, dass ich schon immer ein wenig anders war. Beispiele dafür siehe weiter oben.

Ich fand das damals schon immer ein wenig seltsam. Das spielt an dieser Stelle aber keine so besonders große Rolle. Viele von uns gehen in eine Liebesbeziehung mit dem Gedanken, dass der Partner oder die Partnerin der oder die einzige für immer und ewig sein wird (hier gibt es auch wieder so eine schöne, eingängige Abkürzung: AMEFI = Alles mit einem für immer oder um hier auch die weibliche Form abzubilden: Alles mit einer für immer).

Das kann klappen, muss es aber nicht. Die Scheidungs-Statistiken und Fremdgeh-Raten zeigen hier leider ein komplett anderes Bild.
Leider mögen wir uns oft lieber an irgendwelchen Fiktionen festhalten, als uns mit der Realität auseinanderzusetzen. Die Realität ist halt oft nicht watteweich und rosa. In der Realität gibt es halt nun mal keinen Prinzen, der in seiner silbernen Rüstung auf einem weißen Pferd daher galoppiert kommt. Ich habe mehrfach die Erfahrung gesammelt, dass gerade Menschen, die sich ein zu konkretes Bild von dem Menschen, der einmal DER RICHTIGE oder DIE RICHTIGE sein sollte, gemacht haben einen sehr harten Aufprall auf den Boden der Tatsachen erlebt haben.

Du darfst dich allerdings freuen, wenn dies auch dir passiert ist. Denn ich bestreue deinen Boden der Tatsachen gerne mit buntem Flitter oder was anderem, was dir gefällt. (Stichwort: Imaginationsreisen)
Es ist nun so, dass wir unseren Kindern erzählen:" Glaub nicht alles, was du im Fernsehen siehst." Das tun wir gerne bei gewalttätigen Filmen, bei Science Fiction, etc. pp. Ein kleines Quäntchen Wahrheit ist bestimmt in jedem Film enthalten. Allerdings dienen Filme der Unterhaltung. Filme sind die Weiterentwicklung der Theaterstücke. Theaterstücke sind noch vor ca. 100 Jahren aufgeführt worden, weil die Geschichten, die erzählt wurden beim Zuschauer kathartische Wirkungen auslösen sollten. Sie dienten „zur Reinigung der Seele".

Dies hat sich mittlerweile komplett gewandelt. Mittlerweile schaut niemand mehr einen Film, weil er „seine Seele reinigen" möchte. Meistens schauen wir Filme zur Unterhaltung. Genau dazu sind sie auch gedacht. Wenn du aus einem Spielfilm etwas für dein Leben mitnimmst, kann es im besten Fall Zufall sein.
Wenn man sich die Filme so anschaut, erkennt man oft Muster. Filme, die aus Hollywood kommen, enden in der Regel mit einem Happy End. Am Ende ist alles gut, man geht aus dem Kino und widmet sich wieder seinem Leben.

Da kann man dann immer öfter feststellen, dass das eigene Leben mit dem, was man da auf der Leinwand gesehen hat so gar nichts zu tun hat.
Ebenso wenig wie du die Superkräfte von den Superhelden aus dem Film hast, nur weil du ihn angeschaut hast, genauso wenig funktioniert deine Beziehung plötzlich, nur weil du einen Liebesfilm geschaut hast. Noch dazu, wenn du auch noch versuchst, die „Tipps" anzuwenden, die du in Liebesfilmen so bekommen kannst. Die enden ja alle mit der Hochzeit. Was 20 Jahre danach ist, siehst du in den wenigsten Filmen.
Aufgrund persönlicher Erfahrungen habe ich mich mit unterschiedlichen Beziehungsformen beschäftigt:

Es gibt mittlerweile sehr viele Theorien im Internet nachzulesen, wie die Monogamie entstanden ist. Mir gefällt folgende Theorie am besten: Friedrich Engels vertrat in Der Ursprung der Familie, des Privateigenthums und des Staats die Ansicht, dass omnigame Frühmenschen ohne exklusive soziale oder sexuelle Bindung lebten und Kinder daher keinem Vater zugeordnet werden konnten. Mit dem Aufkommen des Privateigentums etablierten nach Engels Männer die Monogamie zur Kontrolle der weiblichen Sexualität und damit ihrer Vaterschaft, um ihr Vermögen an ihre Kinder vererben zu können. (Wikipedia -> Monogamie -> Kulturgeschichte)[35]

Nun hat sich das mit dem Vermögen und den Besitztümern ein Stück weit gewandelt. Es gibt mittlerweile genug Frauen, die selbst Vermögen und Besitztümer haben und deshalb zur Aufzucht der Jungen nicht mehr auf den Acker des Mannes angewiesen sind.
So ist es aus meiner Sicht auch natürlich, dass sich die Beziehungskonstrukte weiterentwickeln. Eine Weiterentwicklung passiert aber nie gleichförmig. Aktuell existieren die monogamen Modelle neben einer ganzen Menge anderer Beziehungsformen. Vor dem Aufkommen

---

[35] nach Wikipedia … („Monogamie" 2022)

des Privateigentums gab es diese Art von Beziehungsformen ebenfalls, allerdings mussten sie damals nicht „gelabelt" werden, d.h. es hat niemanden interessiert, wie die Beziehungsform hieß, in der du damals gelebt hast. Du musstest es niemandem erklären. Heutzutage ist das ein bisschen anders.

Nach einer Studie von Elite-Partner aus dem Jahr 2019 leben 70% der Paare in Deutschland in einer pseudo-monogamen Beziehung. Nach Außen wird der Schein der monogamen Beziehung aufrechterhalten, aber einer oder beide Partner haben außereheliche Kontakte. Wenn diese Affären dann auffliegen, kommt es häufig zu Trennungen. Diese Trennungen können dann in die serielle Monogamie führen, d.h. man führt eine Beziehung mit einem Partner, bis es zu einer Krise, einem Seitensprung oder zur Affäre kommt und trennt sich dann um dann mit dem nächsten Partner wieder die gleichen Verhaltensweisen zu wiederholen.

Manche dieser Paare entscheiden sich aber auch ihre Beziehung dann offen weiterzuführen, d.h. man tauscht sich gegenseitig über die jeweiligen „Außenkontakte" aus.

Nicht jeder Mensch ist in der Lage eine offene Beziehung oder sogar ein Polykül zu führen. Ein Polykül ist eine polyamore Beziehung von mehr als 2 Menschen. Diese gibt es in vielen unterschiedlichen Zusammenstellungen. Mit oder ohne Kinder.

Die gelebten und praktizierten Arten der Polyamorie können viele verschiedene Formen annehmen, da jede dieser Beziehungen einzigartig ist und sich von anderen unterscheidet. Es gibt verschiedene Bezeichnungen für diese Beziehungsstrukturen, wobei diese jedoch nicht durchgehend einheitlich verwendet werden, von daher gehe ich hier auch nicht näher darauf ein. Es gibt im Internet genügend Material zum Nachlesen.

Ich selbst lebe aktuell in meiner 2. offenen Beziehung. Meine erste Ehe bin ich damals noch eingegangen mit diesem Bild im Kopf, wie eine Ehe zu sein hat. Ich hatte Vorstellungen davon, wie mein Mann zu sein hat. Er hatte Vorstellungen davon, wie seine Frau zu sein hat. Das passiert häufig. Gerade wenn du frisch verliebt bist, ist dein Gehirn so mit Endorphinen, Serotonin und Dopamin geflutet, dass du den anderen in seiner Person gar nicht wahrnehmen kannst. Siehe vorherige Kapitel Wir haben irgendwann festgestellt, dass die Bilder in unseren Köpfen, von dem wie wir wirklich sind, soweit abweichen, dass es besser für beide ist, getrennte Wege zu gehen.

Das Gleiche passierte mir in der 2. Ehe. Bis ich verstanden hatte, dass mein Ex ein Bild von mir in seinem Kopf hatte, das so gar nicht dem entsprach wie ich bin. Es waren einige Jahre vergangen und ich hatte versucht mich in die Richtung zu verbiegen, die er mir, bewusst oder unbewusst, von der Vorstellung seiner „Traumfrau" vermittelt hatte. Allerdings hatte diese Person nicht viel mit der Person Anna-Karina zu tun, die gerade diese Zeilen schreibt.

Wir hatten unsere pseudomonogame Beziehung nach ungefähr der Hälfte der Zeit geöffnet, hatten aber beide unterschiedliche Vorstellungen davon, was es heißt, eine offene Beziehung zu führen. Deshalb an dieser Stelle VORSICHT! Wenn du vorhast, deine Beziehung zu öffnen, melde dich gerne bei mir und wir schauen uns eure Grundsituation gemeinsam an.

Grundsätzlich bin ich der Ansicht, dass es immer eine gute Idee ist eine Beziehung zu öffnen. Wenn ihr eine gute Basis habt, wird sich diese vertiefen und eure Beziehung zueinander besser. Habt ihr keine gute Basis, ist der Weg zur Trennung kürzer.

Eine monogame Beziehung über lange Jahre ist eine sehr, sehr große Disziplinleistung deines Gehirns. Aktuellen Forschungen zufolge ist dein Gehirn nicht für eine monogame Beziehung ausgelegt. Aus diesem Grund kommt es zu den häufigen Affären, Fremdgehen und Trennungen.

Wenn in dir allerdings der Impuls schwingt, dass du deine Beziehung nicht nur mit einem Partner führen möchtest, sondern dass du daran interessiert bist deine Beziehung über die klassische Zweierbeziehung hinaus führen zu wollen, dann bist du bei mir an der richtigen Adresse. Du kannst dich mit Gleichgesinnten austauschen oder auch ein Einzelcoaching für dich oder alle Beteiligten bei mir buchen. Das Konzept ist tatsächlich sehr herausfordernd, birgt aber dafür ein unendliches Weiterentwicklungspotenzial. Allerdings möchte nicht jeder dieses Konzept leben. Erfreulicherweise leben wir gerade in einer so freien Welt, dass jeder oder jede selbst entscheiden kann in welcher Art von Beziehung er oder sie leben möchte oder nicht. Zumindest in Deutschland weitestgehend und in Europa teilweise.

Ich danke dir fürs Lesen und freue mich, von dir zu hören. Falls du dich aktuell nicht bei mir melden möchtest, freue ich mich, wenn du mich weiterempfiehlst. Auf meiner Homepage findest du ein paar Artikel, sowie meinen Podcast.
Hör gerne mal rein.
Die Artikel sowie die Podcasts dürfen gerne geteilt werden.

Beziehungsarchitektonische Grüße,
Deine Änni.
Weitere Infos findest du auf meiner Internetseite:
www.diebeziehungsarchitektin.de
emailan@diebeziehungsarchitektin.de

Danksagung: Ich danke alle Menschen, die mir bisher über den Weg gelaufen und ein Stückchen davon mit mir gemeinsam gegangen sind. Durch sie durfte ich alle diese Erfahrungen sammeln. Ich freue mich darauf, weitere Menschen in meinem Leben kennenzulernen, um meine Erfahrungsschatzkiste weiter zu füllen.

Besonderer Dank geht an Thomas und Stephan fürs Lektorieren und Korrekturlesen dieses Buches. Vielen vielen Dank für euren Input, eure kreativen Ideen, euren Hirnschmalz, eure Geduld und eure Liebe (zum Detail 😊)

Aber mein größter Dank gehört dir, lieber Leser, liebe Leserin, dass du dieses Buch gekauft hast. Ich hoffe darauf, dass es dich auf deinem persönlichen Weg ein Stück weiterbringt.

Literaturverzeichnis:

Albom, Mitch, Dienstags bei Morrie: Die Lehre eines Lebens, Übers. von Angelika Bardeleben, Goldmann Verlag 2017, ISBN: 978-3-442-48722-6

Benecke, Lydia, Auf dünnem Eis, Lübbe (Verlag), 2020; ISBN: 978-3-431-05018-9

Berne, Eric, Spiele der Erwachsenen: Psychologie der menschlichen Beziehungen, Übers. von Wolfram Wagmut, Rowolt Taschenbuch (Verlag) (Deutsch) 2002, ISBN: 978-3-499-61350-0

Bram, Ajahn, Die Kuh, die weinte - Buddhistische Geschichten über den Weg zum Glück, Übers. von Martina Kempff, Lotos (Verlag) (Deutsch) 2006, ISBN: 978-3-7787-8183-8

Chapman, Gary - Die fünf Sprachen der Liebe - Wie Kommunikation in der Partnerschaft gelingt, Übers. von Ingo Rothkirch, Francke-Buch (Verlag) 2019, ISBN: 978-3-861-22126-5

Cooper, Sarah, Wie du erfolgreich wirst, ohne die Gefühle von Männern zu verletzen: Das wahrscheinlich wichtigste Buch für Frauen in der Arbeitswelt, Mentor Verlag 2021, ISBN: 978-3-948-23017-3

Dehner, Renate und Ulrich, Schluss mit diesen Spielchen!: Manipulationen im Alltag erkennen und wirksam dagegen vorgehen, Camous Verlag 2007, ISBN: 978-3-593-38245-6

Hagemeyer, Pablo »Gestatten, ich bin ein Arschloch.«: Ein netter Narzisst und Psychiater erklärt, wie Sie Narzissten entlarven und ihnen Paroli bieten, Eden Books (Verlag) 2020, ISBN: 978-3-959-10246-9

Hagemeyer, Pablo, Die perfiden Spiele der Narzissten: Der nette Narzissmus-Doc klärt auf, Eden Books (Verlag) 2021, ISBN: 978-3-959-10329-9

Kahneman, Daniel, Schnelles Denken, langsames Denken, Übers. von Thorsten Schmidt, Penguin Verlag 2016, Taschenbuch, ISBN: 978-3-328-10034-8

Katie, Byron / Mitchell, Stephen, Lieben was ist. Wie vier Fragen Ihr Leben verändern können, Übers. Gisela Kretzschmar, Goldmann (Verlag) 2002, ISBN: 978-3-442-33650-0

Nasher, Jack, Entlarvt!, Goldmann (Verlag) 2019, ISBN 978-3-442-17768-4

Sachse, Rainer, Persönlichkeitsstile: Wie man sich selbst und anderen auf die Schliche kommt, Junfermann (Verlag) 2019, ISBN 978-3-955-71909-8

Thieme, Dörte, TRAU KEINEM, DER DEIN BESTES WILL!: EMOTIONALE ERPRESSUNG erkennen — durchschauen — beenden, tredition (Verlag) 2017, ISBN: 978-3-732-31188-0

sonstige Quellen:

Betz, Robert (2022, 4. April), https://robert-betz.com/

Bundesministerium für Familie, Senioren, Frauen und Jugend (2022, 5. April), https://www.bmfsfj.de/bmfsfj/themen/gleichstellung/frauen-vor-gewalt-schuetzen/hilfe-und-vernetzung/hilfe-und-beratung-bei-gewalt-80640

Oberbauer, Harald (2022, 4. April), Eifersuchtssprechstunde, https://psychiatrie.tirol-kliniken.at/page.cfm?vpath=psychiatrie-i/patientenbetreuung1/eifersuchtssprechstunde

Dalai Lama (2022, 4. April), https://zitatezumnachdenken.com/dalai-lama/10558

Gauger, Andreas, Narzissmus: Alles was du wissen musst (2022, 04. April), https://andreas-gauger.de/narzissmus/

Gauger, Andreas, Toxische Beziehung Petra (2022, 4. April), https://andreas-gauger.de/toxische-beziehung-erfahrungen-03/

Jackson, Mick, 1992, The Bodyguard, Kasdan Pictures — Tig Productions - Warner Bros.

Krieghofer, Gerald (2022, 06. April), https://falschzitate.blogspot.com/2020/06/gedacht-ist-nicht-gesagt-gesagt-ist.html

Krieghofer, Gerald (2022, 06. April), https://falschzitate.blogspot.com/search?q=einstein+wahnsinn

Nierlich, Christin / Bolliger Jürg, Diese 8 Beziehungsbedürfnisse wollen gestillt werden (2022, 4. April), https://transaktionsanalyse.online/beziehungsbeduerfnisse/ übersetzt aus dem Englischen auf Basis eines Seminars von Richard G. Erskine

Schönhaar, Corinna, Gehirne von Psychopathen unterscheiden sich von dem normaler Menschen (2017, 4. April), https://www.businessinsider.de/wissenschaft/gehirne-von-psychopathen-unterscheiden-sich-von-dem-normaler-menschen-2017-7/ über Studie von Buckholz, Josh, erschienen im Fachjournal „Neuron"

Seite „Al Bundy". In: Wikipedia – Die freie Enzyklopädie. Bearbeitungsstand: 28. Februar 2021, 22:34 UTC. URL: https://de.wikipedia.org/w/index.php?title=Al_Bundy&oldid=20931 0727 (Abgerufen: 5. April 2022, 07:34 UTC)

Seite „Dr. House". In: Wikipedia – Die freie Enzyklopädie. Bearbeitungsstand: 6. Februar 2022, 14:53 UTC. URL: https://de.wikipedia.org/w/index.php?title=Dr._House&oldid=2199 28510 (Abgerufen: 5. April 2022, 07:31 UTC)

Seite „Liebe". In: Wikipedia – Die freie Enzyklopädie. Bearbeitungsstand: 22. März 2022, 12:18 UTC. URL: https://de.wikipedia.org/w/index.php?title=Liebe&oldid=22139474 9 (Abgerufen: 4. April 2022, 08:57 UTC)

Seite „Monogamie". In: Wikipedia – Die freie Enzyklopädie. Bearbeitungsstand: 1. Februar 2022, 23:33 UTC. URL: https://de.wikipedia.org/w/index.php?title=Monogamie&oldid=219 783221 (Abgerufen: 4. April 2022, 15:41 UTC)

Seite „Valentinstag". In: Wikipedia – Die freie Enzyklopädie. Bearbeitungsstand: 16. Februar 2022, 18:55 UTC.

URL: https://de.wikipedia.org/w/index.php?title=Valentinstag&oldid=220 267070 (Abgerufen: 4. April 2022, 15:45 UTC)

Ströntistel, Harmen, Was ist Deine Meinung zum Spruch 'Wissenschaft ist der aktuelle Stand des Irrtums'? (2022, 4. April), https://de.quora.com/Was-ist-Deine-Meinung-zum-Spruch-Wissenschaft-ist-der-aktuelle-Stand-des-Irrtums

Verein zur Förderung hochsensibler Menschen (2022, 4. April), https://www.zartbesaitet.net/